LES
PARODIES
DU NOUVEAU
THEATRE ITALIEN.
TOME SECOND.

Explication de l'Eftampe du To-
me fecond.

La Figure qui eft devant reprefente
deux Acteurs Italiens déguifés en Acteurs
Tragiques; Arlequin en Femme, & Pantalon en Heros.

PARODIES
du Nouveau Théâtre
ITALIEN
Tome II.

Mathey fecit

LES PARODIES

DU NOUVEAU THEATRE ITALIEN,

OU

RECUEIL DES PARODIES Repréſentées ſur le Théâtre de l'Hôtel de Bourgogne, par les Comediens Italiens Ordinaires du Roy.

Avec les Airs gravés.

Nouvelle Edition, revûë, corrigée & augmentée de pluſieurs Parodies.

TOME SECOND.

A PARIS,

Chez B R I A S S O N, Ruë Saint Jacques, à la Science.

M. DCC. XXXVIII.
Avec Approbation & Privilege du Roy.

TOME SECOND.

TABLE
ALPHABETIQUE

Des Chanſons & couplets contenus dans ce deuxiéme Volume.

A

Tome II.   * iij

TABLE.

TABLE.

TABLE.

TABLE.

TABLE.

TABLE.

TABLE.

TABLE.

TABLE.

FIN.

TABLE

ALPHABETIQUE

Des Airs & Vaudevilles employés dans ce second Volume.

TABLE DES AIRS

TABLE DES AIRS

ET VAUDEVILLES.

** ij

ET VAUDEVILLES.

TABLE DES AIRS

TABLE DES AIRS

ET VAUDEVILLES.

FIN de la Table des Airs & Vaudevilles
employés dans ce Volume.

LA RUPTURE

LA RUPTURE

DU

CARNAVAL

ET

DE LA FOLIE.

Parodie du Ballet des Amours du
Carnaval, & de la Folie.

*Repréſentée pour la premiere fois par les
Comédiens Italiens ordinaires du Roi,
le 6. Juillet* 1719.

ACTEURS.

LA FOLIE.

L'AMOUR.

LE CARNAVAL.

PSICHE'.

MOMUS.

ARLEQUIN, Confident du Carnaval.

LE LE'TE'.

UN OFFICIER des Gardes de la Folie.

SUIVANS de la Folie, danſans & chantans.

La Scene eſt dans les Jardins d'Hébé.

LA RUPTURE
DU CARNAVAL
ET
DE LA FOLIE.

Le Théatre repréfente des Jardins ornés
pour le Triomphe de la Folie.

SCENE PREMIERE.
LA FOLIE, MOMUS.

Momus.

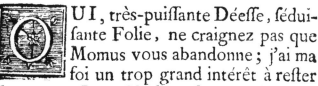 UI, très-puiffante Déeffe, fédui-
fante Folie, ne craignez pas que
Momus vous abandonne ; j'ai ma
foi un trop grand intérêt à refter
dans votre Cour. Médire, eft mon unique ta-
lent, & je trouve avec vous dequoi l'exercer
fans relâche. A. ij

LA FOLIE.

Oh! vous n'y êtes pas, Seigneur Momus, vous n'y êtes pas.

MOMUS.

Comment donc, quelle nouvelle occupation me destinez-vous? j'esperois que vous me donneriez enfin quelque tréve; car depuis que vous fréquentez le Théatre Lirique, vous ne parlez que par sentences réflechies, & même graves.

LA FOLIE.

La gravité n'est-elle pas de mon apanage?

MOMUS.

C'est un reproche que les gourmets d'esprit n'ont pas laissé tomber: ils trouvent, dit-on, la Folie trop sage.

LA FOLIE.

Oh! ces gourmets-là n'ont pas le goût sûr; quelle plus forte preuve d'extravagance pouvois-je leur fournir, que de débiter de la Métaphysique à l'Opéra?

MOMUS.

Cette preuve est incontestable: rien n'est plus digne de vous, que de réduire la Métaphysique en Ariettes, & la Morale en Rigaudons.

LA FOLIE.

Fi, je ne veux plus chanter, je renonce à la Musique.

MOMUS.

Vous lui avez pourtant bien de l'obligation : elle peuple votre empire de bons sujets.

LA FOLIE.

Oh çà, Momus, je compte aujourd'hui sur vous ; je veux dans une heure au plus tard recevoir les hommages de tous ceux qui suivent mes loix.

MOMUS.

Et dites-moi, s'il vous plaît, où vous prétendez faire cette cérémonie-là ? les Plaines de Grenelle, de Saint Denis & des Sablons jointes ensemble, ne contiendroient pas la cent milliéme partie de vos fidéles sectateurs. Apparemment ils viendront vous saluer par Députés.

LA FOLIE.

Assurément.

MOMUS.

Le cortége ne sera encore que trop nombreux. Mais, Déesse, à quelle intention étalez-vous aujourd'hui cette pompe ?

LA FOLIE.

Oh! j'ai des vûes, Seigneur Momus, j'ai des vûes.

MOMUS.

Ce ne font pas fûrement des vûes éloignées.

LA FOLIE.

Oh! non, elles font prochaines, très-prochaines, on ne peut pas plus prochaines; je veux me marier.

MOMUS.

Vous voulez vous marier! le Carnaval fera donc bien content?

LA FOLIE.

Ce n'eft plus le Carnaval que je veux époufer, je ne m'accommoderois point du tout d'un mari qui refte fi long-tems à table.

MOMUS.

Sur-tout le foir: oh que vous faites bien de planter-là le Carnaval; je ne fçai comment vous avez pû aimer un feul moment ce cochon-là? Qui diable avoit pû vous donner un pareil Amant? pour moi, je trouve que le Carnaval ne doit tout au plus charmer qu'une pâtiffiere.

La Folie.

Que dites-vous ? le Carnaval eſt devenu un petit Celadon.

Momus.

Ah ! lorſqu'il vous récite langoureuſement,

Tu vois dans ce Jardin cette eau ſuivre ſon cours ;
Nos ſoupirs s'y mêloient au murmure de l'onde.

On eſt bien étonné de l'entendre citer les Arbres, les Rochers & les Echos, lui qui avant de s'aviſer d'être ſi tendre, ne parloit que de Boudins & de petits Pâtés.

La Folie.

Au moins, je vous fais aujourd'hui mon Maître des cérémonies, & mon Confident.

Momus.

Bon : je vous verrai tantôt en maſque, & tantôt à viſage découvert : commençons par exercer ma charge de Confident, & ne faiſons pas la bévûe de traiter les affaires avant le plaiſir ; allons, apprenez-moi qui eſt l'Adonis à taille légere, à qui vous ſacrifiez l'embonpoint du Carnaval ?

La Folie.

C'eſt un Dieu qui me convient, c'eſt l'Amour.

MOMUS.

L'Amour? & vous aime-t-il?

LA FOLIE.

S'il ne m'aime pas, il m'aimera. Adieu, Momus, adieu.

MOMUS.

Où allez-vous donc?

LA FOLIE.

Je ne sçai.

SCENE II.

MOMUS *seul.*

Voilà une Déesse bien tendre & bien occupée de ce qu'elle aime ... Elle se flatte pourtant que Cupidon répudiera Psiché pour elle .... mais pourquoi non? .... l'Amour & la Folie sont assez faits l'un pour l'autre ... il est étonnant qu'ils ne se soient pas plûtôt avisés de s'aimer! ma foi si le fils de Venus s'adonne ici, je me garderai bien d'en user avec lui comme avec le Carnaval; il ne faut pas se frotter à ce méchant enfant-là; mais quel bruit entens-je? sans doute, Messieurs les Députés des fous s'assemblent:

que d'habits differens nous allons voir ! fi
les troupes de la Folie avoient un uniforme,
il ne faudroit prefque plus faire de drap que
d'une feule couleur.

SCENE III.

MOMUS, UN OFFICIER
des Gardes de la Folie.

L'OFFICIER.

SEigneur Momus . . . .
MOMUS.
Qui êtes-vous ?
L'OFFICIER.
Officier des Gardes de la Folie ; elle m'a
ordonné de prendre aujourd'hui l'ordre de
vous.
MOMUS.
Me voilà dans les honneurs ! eh bien,
Monfieur l'Officier, quel bruit viens-je d'entendre ici près ? qui le caufe ?
L'OFFICIER.
Des rebelles qui ne veulent pas affifter au
triomphe de la Folie ; c'eft la Raifon qui les
débauche.

MOMUS.

Ce ne fera rien : les révoltes que la Raifon excite dans l'Empire de la Folie ne font
pas dangereufes , & les révoltés rentrent
bientôt dans leur devoir ; mais qui font ces
rares féditieux-là ?

L'OFFICIER.

Il y a d'abord un vieux Philofophe Péripatéticien.

MOMUS.

Un Philofophe Péripatéticien! qu'on ne
le laiffe pas aller ; diable ! fon maître Arif-
tote a formé les plus illuftres fous de l'univers, à commencer par Alexandre le Grand.

L'OFFICIER.

J'ai fait arrêter auffi une figure d'une taille
allongée , & d'un tein jonquille, qui s'appelle M. de la Griffe.

MOMUS.

M. de la Griffe! voilà un nom d'Huiffier.

L'OFFICIER.

C'eft pourtant un Poëte , qui dit haute-
ment qu'il veut exterminer la Folie , dans
fon plus fort retranchement.

MOMUS.

Un Poëte qui veut exterminer la Folie !

il veut donc commettre un Matricide ?

L'OFFICIER.

Il a entrepris de faire des Operas raisonnables.

MOMUS.

Voilà une entreprise de Dom-Quichotte ! un Opera raisonnable, c'est un Corbeau blanc, un bel Esprit silentieux, un Normand sincere, un Gascon modeste, un Procureur desintéressé, enfin un petit Maître constant, & un Musicien sobre.

L'OFFICIER.

Où placerai-je dans la marche du triomphe de la Folie ce faiseur d'Opéras raisonnables ?

MOMUS.

Qu'on lui donne le pas sur ceux qui en font d'extravagans.

L'OFFICIER.

J'ai encore là un Médecin qui se vante de guérir tous les maux passés, présens & à venir, avec une liqueur, que des ignorans prendroient pour de l'eau de la Seine.

MOMUS.

Ce ne seroit peut-être pas-là une méprise ; ce ne sont ma foi pas les porteurs d'eau qui tirent le meilleur parti de la riviere.

L'OFFICIER.

Que ferai-je de ce Médecin-là ?

MOMUS.

S'il a bien des pratiques, il faut le relâ-cher, allez. *Seul*, ce n'eſt pas être fou que de vendre une pareille marchandiſe ; eſt il un magazin de liqueurs plus intariſſable que la riviere ?... mais j'apperçois le Carnaval avec Arlequin. Ils paroiſſent yvres tous les deux, tel maître, tel valet : ne perdons pas une ſi belle converſation.

SCENE IV.

MOMUS, LE CARNAVAL *yvre*, ARLEQUIN *yvre, tenant une bouteille & un verre.*

LE CARNAVAL, Air 75. *Que je cheris, mon cher Voiſin.*

Bacchus, laiſſe-moi ſoupirer. *Il fait un hocquet.*

ARLEQUIN.

Amour, laiſſe-moi boire. *Il boit.*

LE CARNAVAL.

Mais quoi, aimerai-je toujours la Folie

qui fe rit de mes plus tendres foupirs ? *Il fait un hocquet.* Buvons.

Air 44. *Réveillez-vous, Belle endormie.*
Buvons pour oublier l'ingratte,
Le vin eft le plus fûr fecours.

ARLEQUIN.
Oui, buvons. *Il boit.*

LE CARNAVAL.
Allons chercher Momus.

MOMUS.
Le voilà tout trouvé : ç'en eft donc fait, Seigneur Carnaval, vous voulez recourir à Bacchus ; il me paroît que vous lui avez adreffé déja plus d'une antienne.

ARLEQUIN.
Nous l'avons prié avec ferveur dès le matin.

MOMUS.
Puifque vous le priez fi matituneufement, je veux vous apprendre une invocation nouvelle : écoutez M. le diftrait, *au Carnaval.*

Air 42. *Tu croyois, en aimant Colette.*
Eteins mes feux, brife ma chaine,
Dieu du Vin gueris ma langueur ;
Et pour me venger de ma peine,
Viens noyer l'Amour dans mon cœur.

ARLEQUIN.

Si l'Amour n'est pas encore noyé, il faut
qu'il sçache bien nager.

MOMUS *au Carnaval.*

Allons, apprenez donc votre antienne.

Il chante sur l'Air précedent.

Eteins mes feux, brise ma chaîne…

*Arlequin arrache une Saussisse de la ceinture
du Carnaval, qu'il mange.*

Que fais-tu donc là, gourmand?

ARLEQUIN *mangeant.*

Je brise sa chaîne; morbleu qu'elle est sa-
lée!

MOMUS.

Bon, voici la Folie, nous allons voir une
scene bien passionnée.

SCENE V.

LA FOLIE, MOMUS, LE CAR-NAVAL, ARLEQUIN.

LA FOLIE *au Carnaval qui fait un hocquet.*
Air 165.

J'Entens votre cœur foupirer,
De l'excès de votre martyre ;
Goutez, fi vous voulez, le plaifir d'en pleurer,
Mais laiffez-moi celui d'en rire.

LE CARNAVAL. Air 166.
Je dégage mon cœur, & je vous rends le vôtre.

ARLEQUIN.
Pour le mien, je ne fçai pas trop ce que j'en ferai.

LA FOLIE. Air 164.
C'en eft donc fait, tu n'es plus fous ma loi,
Ingrat, tout tes fermens font autant de parjures.

ARLEQUIN *chante. Fin de l'Air 11.*
Robin ture-lure lure.

LA FOLIE *au Carnaval. Suite de l'Air 164.*
Si j'avois outragé ta foi,
Qui t'empéchoit, cruel, d'éclater en murmures ?

Il falloit m'accabler d'injures,
C'auroit été du moins te souvenir de moi.

MOMUS *au Carnaval.*

Et allons, évertuez-vous, que n'appellez-vous Madame, carogne, salope, chienne... fi, vous ne sçavez pas aimer.

LE CARNAVAL *à la Folie.*

Pour me venger de vous, je viens avec le secours des Aquilons de casser tous les pots à fleurs des jardins de la Jeunesse votre Mere.

ARLEQUIN.

Et moi sans le secours du moindre vent coulis, j'ai cassé les lunettes du bon-homme Plutus votre papa mignon.

LA FOLIE *riant.*

Parce qu'ils consentoient tous les deux à notre mariage, vous brisez leurs meubles... ah! ah! ah! vous les punissez de mes refus... ah! ah! ah!

MOMUS.

Le Carnaval boit volontiers; quand on est yvre on fait tapage.

LA FOLIE. Air 167.

Puisqu'il se venge, il m'aime encore.

LE CARNAVAL.

Hélas, vous oubliez donc tout ce que
vous

vous m'avez dit de tendre l'autre jour à l'Opéra ?

LA FOLIE.

Ce n'étoit que des chanfons : mais vous-même, M. l'enluminé , vous oubliez que tant pour vous effacer de mon cœur , que pour adoucir l'incarnat de votre phifionomie , je vous confeillai de prendre de certaines eaux . . . .

MOMUS.

Ah! ah! M. le Carnaval.

Air 44. *Reveillez-vous belle endormie.*
L'eau vous eft un fâcheux remede ,
Vous n'en aurez pas pris affez.

ARLEQUIN *lui rempliffant fon Verre.*

Eh bien ! prenez du Vin.

LE CARNAVAL *tenant le verre plein & faifant un hocquet.*

Je creve . . . .

MOMUS.

D'indigeftion.

LE CARNAVAL.

Hélas !

MOMUS. Air 34. *Mon pere je viens devant vous.*
Au milieu même des feftins ,
Il fent fon défefpoir s'accroître.

Tom. II. la Rupt. du Carnaval. B

LE CARNAVAL *laiſſant tomber ſon Verre.*

Je n'en puis plus,

MOMUS. *même Air.*

Le Verre lui tombe des mains,
L'Univers va le méconnoître.

LA FOLIE *à Momus.*

De grace, Momus, emmenez ces deux yvrognes-là.

ARLEQUIN.

Nous ſommes des yvrognes, il eſt vrai, mais nous avons le vin tendre, *Il ſait un hocquet.*

MOMUS *au Carnaval.*

Allons, mon ami, laiſſez-là une ingrate, allons.

ARLEQUIN *d'un ton fâché.*

Oüi, mon cher Maître, allons....
Il chante. Fin de l'Air 38. Nanon dormoit.

Allons, allons à la Guinguette allons.

SCENE VI.

LA FOLIE *seule.*

JE suis charmée de ce que ce gros glouton de Carnaval m'aime encore si violemment, cela me fortifie dans l'indifference que j'ai pour lui ..:. Mais que vois-je ? c'est l'Amour lui-même ! il ne sçait pas encore que je l'aime ... comment lui ferai-je ma déclaration ? comment ! ah ! ah ! ah ! il devinera bien-tôt mon secret ; l'Amour est pénétrant & la Folie n'est pas dissimulée.

SCENE VII.

LA FOLIE, L'AMOUR.

LA FOLIE.

BOnjour, aimable fils de Venus. Arrivez vous de Cithere ?

L'AMOUR.

Bon de Cithere ! il y a long-tems que j'en suis déménagé. Les bâtimens de Pa-

phos font trop antiques .... trop mal diftri-
bués .... point de cabinets équivoques ,
point d'efcaliers dérobés .... Oh ! vive
l'architecture commode de mes temples de
Paffi , & du Moulin de Javelles.

La Folie.

Vous ne vous plaifez donc plus dans les
riches appartemens d'Amatonte ?

L'Amour.

J'ai pris les allures Grenadieres du Dieu
Mars , depuis qu'il s'eft amouraché de ma
chere maman ; tout m'accommode , lit de
camp , bottes de paille , gazon , je ne fuis
plus difficile à coucher.

La Folie.

Il faut convenir que l'Amour s'eft bien
perfectionné.

L'Amour.

C'eft une bonne école que les Garni-
fons ! tenez je m'y fuis défait de tout ce
verbiage que je débitois dans les ruelles ga-
lantes du tems de Clelie , & de Cyrus ; je
fuis devenu laconique comme un Caiflier à
qui on demande de l'argent.

La Folie.

Vous répondez oüi, auffi promptemen
qu'il dit non.

L'Amour.

C'eſt la vérité : mais ſi je parle moins, je geſticule davantage.

La Folie.

Vous ne pouvez geſticuler qu'avec grace : geſticulez charmant Amour, geſticulez.

L'Amour.

Peſte ! vous vous connoiſſez en ſtyle ! vous ſçavez que les geſtes ſont moins trompeurs que les paroles . . . . .

La Folie.

L'Amour ne peut s'expliquer trop clairement.

L'Amour.

Oh ! pour clair, je le ſuis à préſent : en voulez-vous un exemple ? écoutez. Je n'aime plus ma femme Pſiché , & c'eſt vous charmante Folie qui l'effacez dans mon cœur . . . hem , cela eſt-il clair ?

La Folie.

Je n'aime plus le Carnaval , & c'eſt vous qui me dégoûtez de ce piffre-là : hem, ſuis-je auſſi claire que vous ?

L'Amour.

Si nous continuons ſur ce ton-là , notre Roman ne ſera pas long.

La Folie.

Oh ça , nous voilà d'accord ; il faut nous marier enſemble ; comment vous déferez-vous de Pſiché ?

L'Amour.

Comment je m'en déferai ? voilà une belle affaire , ma foi : vous ſçavez que l'Himen eſt mon frere , tantôt aîné , tantôt cadet. ...

La Folie.

L'Amour ne vient pas ſouvent après l'Himen.

L'Amour.

Ne vous inquiettez-pas des nœuds de l'Himen ; quand je ne les romps pas tout-à-fait , je les deſſerre ſi-bien qu'un époux à qui je rends ce petit ſervice-là , ſe croit ſans ceinture ; il quitte ſa femme comme une robe de chambre.

La Folie.

Les pleurs de Pſiché vous attendriront....

L'Amour.

Moi m'attendrir aux pleurs de ma femme ! me prenez-vous pour un bourgeois ?

La Folie.

Que dira Venus ?

L'Amour.

Ma mere eſt vraiment une jolie mignone pour ſe mêler de ma conduite!

La Folie.

Voilà comme je penſe. C'eſt aſſez que Plutus & laJeuneſſe approuvent un mariage, pour qu'il me déplaiſe.

L'Amour.

La peſte ! je n'imiterai pas ce benais de Carnaval, qui s'eſt aviſé d'aller vous demander en mariage à votre famille , comme un galand de la ruë ſaint Dènis.

La Folie.

Il ne faut me demander qu'à moi-même....

L'Amour.

Si l'on ſuivoit cette méthode-là, il n'y auroit pas tant de malingres dans le Régiment des épouſeurs ; & ſi les belles en étoient les Commiſſaires , elles caſſeroient bien des ſoldats à chaque revûë.

La Folie.

Adieu charmant Amour.

L'Amour.

Vous me quittez dans le moment le plus tendre.

LA FOLIE.

Je vais à ma toilette.

L'AMOUR.

Eh! pourquoi ? je ne vous trouve que trop aimable...

LA FOLIE.

Oh! cela ne fuffit pas ; vous fçavez que je tiens aujourd'hui Cour pleniere ; j'ai ordonné la fête exprès pour vous , & cependant je veux y charmer jufqu'au Moucheur de chandelles.

SCENE VIII.

L'AMOUR *feul*.

VOilà le cœur feminin tout pur ! le caractére naïf des belles! la tendreffe d'un Dieu qu'elles aiment , ne les dédommage pas de celle que leur refufe un mortel qu'elles méprifent .... mais j'apperçois ma femme Pfiché... ne me voilà pas mal , je vais effuyer une longue harangue de ménage.

SCENE

SCENE IX.

L'AMOUR, PSICHE'.

PSICHE'.

QU'ai-je appris, perfide Cupidon ? vous me trahissez ; on dit que vous voulez me répudier.

L'AMOUR.

On dit, on dit … quelle commere vous a fait ces histoires-là ?

PSICHE'.

C'est votre grand-mere Cibelle.

L'AMOUR.

Ma grand-mere radote, & vous aussi.

PSICHE'.

Je radote ! je radote ! quelle façon de parler ! est-ce là le langage que vous teniez quand j'étois fille ?

L'AMOUR.

Quand vous étiez fille … j'étois garçon, moi. Voudriez-vous qu'un mari fît avec sa femme du recitatif d'Opéra ?

PSICHÉ.

Le scelérat ! il se moque de moi !

L'AMOUR.

Ma foi Madame Psiché , si vous m'en croyez nous nous séparerons sans bruit.....

PSICHÉ.

Qu'entens-je ? nous séparer !

L'AMOUR.

Eh ! pourquoi non ? quand on ne se trouve pas bien ensemble , il faut prendre son parti. Vous dites que vous ne pouvez plus demeurer avec moi, & moi je suis commode, je vous permets de vous retirer.

PSICHÉ.

Quelle noirceur ! ô Ciel ! le traître veut me faire accroire que c'est moi qui demande à le quitter !

L'AMOUR.

Ne faisons pas rire le public & gagner les Procureurs : puisque vous voulez absolument nous séparer , séparons-nous sans plaider.

PSICHÉ *avec emportement.*

Oh ! je plaiderai , je plaiderai ; nous verrons beau jeu. Je solliciterai, je suis jeune, je solliciterai & vivement & vivement

Nous ferons jugés , nous ferons jugés , bien ou mal nous ferons jugés.

L'AMOUR *riant.*

Ah! ah! ah! parbleu pour une Déeſſe, vous ne ſçavez guéres les moyens de vous venger d'un mari ! ne ſçauriez-vous être coquette ſans faire tout ce vacarme là ? Mars vous lorgne , c'eſt un grand brunet qui eſt aſſez bien tourné , qui porte la perruque na-turelle, & qui de plus, a le toupet.

PSICHE'.

J'ai bien affaire de ſon toupet.

L'AMOUR.

Il a plû à ma mere , & ma mere eſt con-noiſſeuſe : on peut acheter un galand qu'elle a marchandé.

PSICHE'.

Hom , elle n'a pas trop marchandé le Dieu Mars. Allez je n'ai que faire des reſtes de Venus.

L'AMOUR.

Ce dégoût eſt gourmand.

PSICHE'.

Que voulez-vous dire ?

L'AMOUR.

Ce que vous penſez. Qu'on ne fait pas
C ij

grande chere, lorfqu'on fe met à table après des perfonnes qui ont bon apetit.

PSICHE'.

Quel difcours !

L'AMOUR.

Ah ! j'ai trouvé votre affaire ; vous qui êtes une douccreufe, ménagez-vous la tendreffe d'Apollon : il vous fervira tous les matins un petit boüillon de madrigaux ; s'il vous meurt un Perroquet, il en fera l'Epitaphe; fi vous mariez votre bichon, il en fera l'Epitalame. Il compofera des vers marotiques fur vos yeux, fur votre gorge, fur votre..... enfin vous ferez rimée depuis la tête jufqu'aux pieds.

PSICHE', *elle s'évanouit.*

Je n'y puis plus tenir... je me meurs.

L'AMOUR, *la retenant.*

Je crois qu'elle s'évanouit exprès pour fe trouver encore entre mes bras...... qu'elle me paroît péfante ; hé, quelqu'un, Borée ou Zephire, apportez un fiége, un fauteüil de gazon. *Un Zephire apporte un gazon.*

SCENE X.

L'AMOUR, PSICHE' *évanoüie*, MOMUS.

MOMUS *chante fur l'Air 20. Ne m'entendez-vous pas.*

QUe vois-je? de fes fens
 Elle a perdu l'ufage.

L'AMOUR.

Fort bien ! allez-vous à l'exemple de Pelée * pfalmodier deux heures aux oreilles d'une femme évanoüie? Ces Héros d'Opéra prennent, je crois, leurs chanfons pour de l'eau de la Reine d'Hongrie.

MOMUS.

Oüais, il me femble que l'Amour fait mon métier. Il plaifante.

L'AMOUR.

Cher Momus j'implore ici votre fecours...

* Pelée dans l'Opera d'Alcione, s'amufe à faire de longues plaintes pendant que fa Maîtreffe fe meurt, fans fonger à la fecourir.

C iij

M o m u s.

Mais je n'ai fur moi ni eau de Meliffe ni goutes d'Angleterre.

L'A m o u r.

Vous prenez à gauche, mon cher Momus; ce n'eft pas la fanté de ma femme qui m'embaraffe, c'eft fon amour: ne pourriez-vous pas m'en délivrer?

M o m u s.

Malepefte! quand une femme s'avife d'aimer fon mari, comme elle ne le fait qu'en connoiffance de caufe, on a bien de la peine à l'en dégoûter. Cependant..... *Il rêve.* Ecoutez..... oh! m'y voilà. Le fleuve Lété eft mon ami..... j'y fuis ma foi. Allez trouver votre chere Folie, laiffez-moi ici, je vais guérir Pfiché de fes préjugés bourgeois, & lui faire oublier jufqu'au premier jour de fes nôces.

SCENE XI.

MOMUS, LE LE'TE'.

MOMUS.

O Vous pacifique Lété qui dormez fur votre urne, au fond des enfers, réveillez-vous à ma voix & apportez-moi une petite potée de votre eau favorable.

LE LE'TE', *fortant d'une trape & baillant.*

J'obéis avec joie aux ordres de Momus, quoiqu'il m'ait arraché des bras du fommeil où je me trouve fi bien. *Il s'endort debout.*

MOMUS.

Réveillez-vous donc, dormeur éternel, fleuve plus lent que la Saône, pere des diftraƈtions & des balourdifes, l'Amour a befoin de votre eau.

LE LE'TE'.

De mon eau! & à quoi eft-elle bonne?

MOMUS.

Ah! que vous êtes bien le * Dieu de

* Cette piéce-ci a été faite long-tems avant celle du fleuve d'oubli, ainfi qu'on ne croie pas que cette tirade en foit prife.

C iiij

l'oubli ! donnez-moi de cette liqueur mer-
veilleuse qui opére tant de prodiges & qui
eft la plus redoutable ennemie de la mémoire : en buvant feulement un verre de votre
eau, on ne fe fouvient plus de rien. Il faut
qu'on en débite furieufement à Paris, car
on n'y voit que des amans qui oublient leurs
maîtreffes ; des Financiers qui oublient leur
naiffance ; des petits maîtres qui oublient
leurs dettes ; des barbons qui oublient leur
âge ; des Normands qui oublient leurs pro-
meffes ; des Gafcons qui oublient leur bour-
fe quand ils vont en emplettes ; & enfin je
croi qu'on fait à préfent la Limonade avec
votre eau, & qu'on en abreuve en été tout
le public, car il oublie très-fort les Comédiens Italiens, & moi je prens part à leur
indigence.

LE LE'TE'.

Je vous protefte que j'y prens part auffi.

MOMUS.

Oh ça, il s'agit de faire oublier un mari
à fa femme.

LE LE'TE'.

Se peut-il qu'on ait befoin des eaux du
Lété pour cela ?

MOMUS.

Où eft la petite potée d'eau fraiche que
je vous ai demandée ?

LE LE'TE'.

Je.... je.... je vais la quérir. *Il des-*
cend par une trape.

MOMUS.

Fort bien : il fera, je gage, dix fois le
voyage des enfers avant que d'apporter ce
que je lui demande. Heureusement, les
Dieux font bien du chemin en peu de tems...
bon, Psiché est encore évanoüie, je lui ferai boire de l'eau du Lété sans qu'elle s'en
apperçoive.

LE LE'TE' *revenant par une autre trape*
& présentant le pot le cul en haut.

Tenez voilà le pot.

MOMUS *apostrophant le Lété.*

Et voilà la Cruche. Peste du butor, il
m'apporte le pot sans l'eau !

LE LE'TE'.

Si j'y retourne j'apporterai l'eau sans le
pot.

MOMUS.

J'aurai plûtôt fait de descendre là-bas moi-
même, attendez-moi ici. *Il descend par la*
trape.

LE LE'TE'.

Bon voyage, Seigneur Momus ; faites

mes complimens à Proferpine.... ah! ah!
voici une belle dormeuſe....

Il chante. Air 44. *Reveillez-vous belle endormie.*

Reveillez-vous belle endormie,
Reveillez-vous, car il eſt nuit....

MOMUS *revenant & tenant une bouteille.*

Oh! pour le coup Pſiché oublira l'Amour,
je tiens de la véritable eau du Lété. Employons-la utilement.

SCENE XII.

PSICHE' *évanoüie*, MOMUS, LE
LE'TE', LE CARNAVAL.

Momus.

MAis j'apperçois le Carnaval; qu'il a le
tein allumé ?

Le Carnaval.

Que faites-vous là ?

Momus.

Une belle cure, une cure très-rare ; nous
guériſſons une femme de l'amour qu'elle a
pour ſon mari. On voit peu de ces maladies-là. Allons, belle Pſiché, buvez un bon
verre de cette eau-là.

PSICHÉ, *se levant.*

Où suis-je ? que vois-je ? *en riant,* ah ! ah ! c'est le Carnaval. Où y a-t'il bal, *au Carnaval.*

LE CARNAVAL *prenant la bouteille.*

Laiſſez-moi avaler quelques goutes d'eau, & puis je vous répondrai ; je viens de manger un gros Sauciſſon en peſtant contre l'ingrate Folie, cette cruelle que je ne ſçaurois oublier . . . .

LE LÉTÉ.

Avez-vous mangé le Sauciſſon tout entier ?

LE CARNAVAL, *après avoir bû.*

Me voilà bien rafraichi. Ah ! belle Phiché que vous êtes aimable ! je ne vous ai jamais vûe ſi piquante.

PSICHÉ.

Je ne vous ai jamais vû ſi gay, vous.

MOMUS *à Pſiché.*

Mais l'Amour eſt enchanté de la Folie.

PSICHÉ.

Cela eſt naturel.

MOMUS *au Carnaval.*

Il veut l'épouſer.

LE CARNAVAL.

J'y confens.

LE LE'TE'.

Voilà des efprits bien faits.

MOMUS à part.

Et bien guéris de leur entêtement. Le Lété n'aura pas étalé ici fon magafin de liqueurs pour quelques miferables matelots. * A préfent l'Amour & la Folie peuvent fe voir en fureté. Mais ce n'eft pas tout , il faut leur cacher leur bonheur pour le faire durer ; je les connois , ils ont l'humeur françoife ; ils cefferont de s'aimer , s'ils ne font plus génés. *A Pfiché & au Carnaval* : Ecoutez Pfiché , & vous M. le nouveau buveur d'eau , gardez-vous bien de montrer votre indifference à l'Amour & à la Folie , ils ne manqueroient pas de vous perfécuter.

* Il n'opére cela que dans le Balet.

SCENE XIII.

PSICHE', LE CARNAVAL, MOMUS, LE LE'TE', L'AMOUR ET LA FOLIE.

Momus à *l'Amour & à la Folie. Le Carnaval & Pſiché affectent des airs triſtes en regardant l'Amour & la Folie,& enſuite ſe regardent en riant.*

Tenez voilà le Carnaval & Pſiché qui ſont au déſeſpoir de votre intelligence.

LA FOLIE.

Tant mieux , tant mieux. Ah ! ſi ils pouvoient pleurer que je rirois !

L'AMOUR à *Pſiché.*

Croyez-moi, ma bonne , prenez votre parti. Rien ne ſied plus mal à une Déeſſe que d'être jalouſe de ſon mari : duſſiez-vous en jurer , je prétens dès ce ſoir faire lit à part.......

MOMUS.

Lit à part ! quelle effroyable mot pour les oreilles d'une jeune mariée ! allons , qu'on

ne s'occupe plus que de la fête préparée
pour l'aimable Folie. Je conseille au Carnaval de rester avec nous, car il seroit bien
triste sans la Folie ; vous , ses aimables &
comiques sujets , avancez , venez chanter
sa gloire, & entendre ses leçons.

ARLEQUIN. Air 168.

Son professor di pazizia ,
Volatè Scholari.

SCENE DERNIERE.

LES ACTEURS PRECEDENS.

Troupe des sujets de la Folie dansans &
chantans. Astrologue , Poëte , Soldats ,
Matelots , &c. tous la Marote à la main.
On ouvre une Ferme qui laisse paroître un
Arc de Triomphe dressé à l'honneur de la Fo-
lie, on voit un second Orquestre placé sur des
gradins de Verdure.

UN SUIVANT *de la Folie.* Air 160.

Folatrons, divertissons-nous ,

Charmans plaisirs , volez , rendez heureux les Fous ;
C'est faire le bonheur du Monde.

Si la Raison murmure & gronde ,

Rions-en tous.

Folâtrons , divertissons-nous ,

Charmans plaifirs, volez, rendez heureux les Fous ;
C'eft faire le bonheur du Monde.

VAUDEVILLE. Air 161.

Victime de l'ufage
Dupe d'un Medecin,
Que le Séné faccage
Et qui fuyez le bon vin.
Vous croyez être fage,
Ah! ah! ah! ah!
Le plaifant perfonnage,
Le maître fou que voilà.

Vous qui d'un héritage,
Que la plume à la main
Un Procureur fourrage ;
Chicanez bien le terrain.
Vous croyez, &c.

Vous qui dans l'efclavage
Tenez votre moitié ,
Mari trifte & fauvage,
Votre foin me fait pitié.
Vous croyez, &c.

Toi qui mets en mênage

LA RUPTURE

Quelque jeune beauté ,
D'Hymen dans son image
Tu vois la fidelité.
Tu crois donc être sage , &c.

❦

Vous qui pour tout ouvrage
Ne vaut pas un denier ,
Et qui faites tapage
Satirique Chaudronnier.
Vous croyez , &c.

FIN.

HERCULE

HERCULE
FILANT,
PARODIE D'OMPHALE.

C O M E D I E

Repréfentée pour la premiere fois, par les
Comédiens Italiens ordinaires du Roi,
le Jeudi 15. May 1721.

A C T E U R S.

OMPHALE, Reine de Lidie.

HERCULE.

IPHIS.

ARGINE.

Premiere COMMERE.

Seconde COMMERE.

Trosiéme COMMERE.

Quatriéme COMMERE.

DE'MONS en Zéphirs.

DE'MONS.

REVENDEUSES à la Toilette, chantant.

BOUQUETIERES.

COMMERES dansant avec des quenouilles.

La Scene est à Sardis, Capitale de Lidie.

PROLOGUE

DE LA PARODIE

D'OMPHALE.

TRIVELIN, MARIO en *Bourgeois*, *Rabat*, *Manteau & Perruque quarrée*, re-péfentant un *Connoiffeur*. *Trivelin paffe au fond du Théatre à demi habillé.*

LE CONNOISSEUR.

HOla, Monfieur Trivelin, un petit mot, s'il vous plaît.

TRIVELIN.

Eh! Monfieur, de grace, permettez que j'acheve de m'habiller. Le Public...

LE CONNOISSEUR.

Le Public eft inftruit du refpect qu'il me

doit ; il ne foufflera pas quand il fçaura que c'eft moi qui vous arrête.

TRIVELIN.

Eh ! qui êtes-vous, Monſieur, vous que le Public reſpecte ?

LE CONNOISSEUR.

Je ſuis un Connoiſſeur.

TRIVELIN.

Un Connoiſſeur, vous !

LE CONNOISSEUR.

Oui, moi.

TRIVELIN *à part le conſidérant.*

Je le prenois, ma foi, pour un Juré-Crieur.

LE CONNOISSEUR.

Vous voyez la crême de tous les Con-noiſſeurs de Paris ; gourmet en Vers, gour-met en Profe, il n'eſt point d'ouvrage qui trompe mon diſcernement.

TRIVELIN *à part.*

Quelle modeſtie !

LE CONNOISSEUR.

Ho ça, dites-moi un peu, Monſieur Tri-velin, votre Hercule filant eſt, je gage, une Parodie de l'Opéra d'Omphale.

TRIVELIN.

Vous pouvez gager, vous ne perdrez pas.

LE CONNOISSEUR.

Vous allez nous servir un pot-pourri de *Vous m'entendez-bien*, de *Flon flon*...

TRIVELIN.

Assurément ; croyez-vous qu'il seroit décent de parodier un Opéra sans y fourer des *Flon flon ?* n'est-ce pas là leur place ?

LE CONNOISSEUR.

Eh, morbleu, laissez à la Foire le soin de ridiculiser les Héros en bémol ; c'est-là son métier.

TRIVELIN.

Tout beau, Monsieur le Connoisseur ; lisez les Annales de la Comédie Italienne, vous verrez que nos ancêtres comiques ont chanté d'après les *Dumenils* & les *Beaumavieles :* ne devez-vous pas sçavoir qu'Armide, ce chef-d'œuvre du fameux Lully, a été fredonné par un gosier Arlequinique ? avez-vous oublié,

Il chante. Air 162. *Plus j'observe ces lieux, & plus je les admire.*

Plus j'observe ce Rôt, & plus je le desire,
La broche tourne lentement.

LE CONNOISSEUR.

Il faut l'avouer, on a vû jadis avec plaifir Arlequin Phaëton, Arlequin Perfée, Arlequin Jafon; mais alors vos Acteurs chantoient, & n'étoient pas, comme vous autres, terriblement brouillés avec la Mufique.

TRIVELIN.

Voilà une reflexion qui eft affez judicieufe; cependant comment voulez-vous que nous faffions? La Tragédie Françoife reçoit dans la Parodie un comique qui peut être rendu par la déclamation; mais le Poëme Lirique ne peut fe préfenter fur le Théatre de la Comédie Italienne fans le paffe-port du Vaudeville.

LE CONNOISSEUR.

Mais vous chantez faux.

TRIVELIN.

C'eft-là le plus beau de nos Privileges, & il femble quelquefois que l'Opéra ait envie de nous le revendiquer.

LE CONNOISSEUR.

Je parierois qu'Arlequin n'eft pas employé dans ce bel ouvrage-là?

TRIVELIN.

Oh! pour le coup vous perdriez la gageure.

LE CONNOISSEUR.

Que diable peut repréſenter dans la Parodie d'Omphale, un Arlequin balourd?

TRIVELIN.

Eh! parbleu, un perſonnage balourd; il y en a à choiſir dans cet Opéra-ci.

LE CONNOISSEUR.

A quel rolle Arlequin a-t-il donné la préference?

TRIVELIN.

Au rolle d'Iphis, en conſidération de la poltronnerie de ce Héros ....

LE CONNOISSEUR.

Oui-da, Arlequin Iphis, cela eſt aſſorti, cela ne tranche point; mais Hercule, qui de vous autres le repréſente? c'eſt un rolle bien enrhumant.

TRIVELIN.

Oh j'ai une voix que les rhumes ne ſçauroient gâter.

LE CONNOISSEUR.

Allez, Monſieur Hercule, allez à votre toilette, je ne vous retiens plus; chantez, glapiſſez, hurlez, je vous promets d'entendre patiemment votre burleſque concert.

TRIVELIN.

Ce n'eſt pas aſſez pour le tranquilliſer notre diſcordant concert ; nous prions très-humblement le Parterre de n'y pas venir chanter ſa partie.

Fin du Prologue de la Parodie d'Omphale.

HERCULE

HERCULE
FILANT.
COMEDIE.

*Le Théatre repréſente la Salle à manger
du Palais d'Omphale.*

SCENE PREMIERE.

IPHIS ſeul.

E voilà dans la Salle à manger du Palais d'Omphale, & cependant je m'ennuie ! Se peut-il que le chagrin vienne ſurprendre Iphis dans une Salle à manger ?.. oui, car j'aime la Reine comme un perdu...

Tome II. Hercule filant.　　　　**E**

la belle occupation, pour l'apprentif d'Hercule!... Hercule étant encore en nourrice tua deux gros Serpens, & moi qui suis sevré depuis vingt-cinq ans au moins, je n'ai pas écrasé un petit Ver de terre. *

Air 34. *Mon pere, je viens devant vous.*

  Calme heureux, agréable paix,
  C'est en vain que je vous r'appelle...

** Mais j'apperçois mon Maître Hercule... comme il est équipé !

SCENE II.

IPHIS, HERCULE *avec sa peau de Lion, une Quenouille & un Fuseau.*

HERCULE.

OUF, ouf, *terque, quaterque,* ouf.

IPHIS. Air 54. *Turelonton ton,*
Quoi, vous boudez au sein de la victoire,
Et votre cœur pousse de longs soupirs ?

* Les Violons jouent les deux premiers Vers de l'Air que chante Iphis qui se promene dans le goût des Héros de l'Opéra.

** Appercevant Hercule.

Vous ne sçauriez desirer plus de gloire.
Quel autre bien fait naître vos desirs?

HERCULE.

Tonrelon ton, ton
Tu l'entens qui soupire,
Ton relon ton ton,
Mon petit cœur mignon.

Mon cher Iphis, je suis fou de la Reine.

IPHIS.

De la Reine!

HERCULE. Air 61. *Lanturlu.*

Omphale est pouponne,
Elle a de beaux yeux;
Sa taille est friponne,
Son port gracieux,
Tout du long de l'aune,
On m'en a donné, vois-tu?

IPHIS *à part.*

Je suis rendu, je suis perdu, je suis . . . je suis parbleu
tondu.

à Hercule.

Et Madame Argine, oubliez-vous qu'elle
vous aime, & qu'elle en sçait plus que feue
la Jobin?

HERCULE.

Ne me parle point de cette Sorciere-là.

Il chante en filant. Air 66. *Il faut que je file file.*

Il faut que je fille file,
Ou de la laine , ou du lin.

IPHIS.

Eh ! pourquoi , s'il vous plaît , faut-il que vous filiez ?

HERCULE.

C'eft qu'Omphale eft bonne ménagere ; elle aime les profits de la quenouille , & moi pour lui plaire ,

Il chante en filant , fur l'Air précedent.

Il faut que je file file ,
Ou de la laine , ou du lin.

IPHIS.

Vous ne filez point à l'Opéra.

HERCULE.

La belle autorité ! L'Opéra n'eft qu'un ignorant , qui chante toujours la même Chanfon. Sçait-il caractérifer les Héros ? Il habille leurs penfées comme leurs perfonnes, de Clinquant & d'Oripeau. Crois - moi, mon ami, ne t'en rapporte jamais à l'Opéra , fur le chapitre des avantures des grands hommes.

Air 75. *Que je cheris mon cher Voisin.*

Il aime, ce compere-là,
A nous en faire accroire :

IPHIS.

Je vois fort bien que l'Opera
Gâte souvent l'histoire.

HERCULE.

Viens, mon cher Iphis, je veux préparer à la Reine une fête qui surement sera de
son goût... à propos de fête, c'est aujour-
d'hui celle d'Omphale.

Air 52. *Ces filles sont si sottes.*

Il faut danser, il faut chanter,
Il faut que j'aille présenter
Un bouquet à la Reine.

IPHIS.

Vous sentez-vous en belle humeur ?

HERCULE.

Tes demandes sont sottes,
lon la,
Tes demandes sont sottes.

IPHIS.

La Reine nous payera-t-elle sa Fête ?

HERCULE.

Autre question ! Passez, Monsieur le curieux, passez. *

* Il fait passer Iphis devant lui, & rentre.

SCENE III.

OMPHALE, Premiere COMMERE,
Seconde COMMERE.

OMPHALE.

HErcule ne m'a pas apperçû, quel bonheur !

IIe. COMMERE.

Vous paroiffez éviter Hercule, cependant il vous adore.

Ie. COMMERE. Air 7. *Ton himeur eft Cathereine.*

Jamais d'un feu plus fincere,
Un cœur ne s'eft vû brûler ;
Et ce Héros pour vous plaire,
Veut bien apprendre à filer.

OMPHALE.

Il fait là de bel ouvrage !
C'eft le Phenix des lourdauts ;
Déja fon apprentiffage
M'a coûté trente fuzeaux.

IIe. COMMERE.

Oh ! le mal-adroit.

OMPHALE. Air 53. *Non, non, il n'eft point*
de fi joli nom.

Un Suiffe auroit plus d'adreffe
Que le fils de Jupiter ;
Ma quenouille eft toute en piece,
Il a des pates de fer.
Non , non , il n'eft point aux champs de Marion,
Qui ne file mieux qu'Hercule ;
Non , non , il n'eft point aux champs de Marion,
Qui ne lui dame le pion.

I^e. COMMERE. Air 43. *Vous m'entendez bien.*

Puifque le fils du grand Jupin
Vous paroît lourd , votre goût fin
A fait la découverte . . .

OMPHALE.

Eh bien ?

I^e. COMMERE.

D'un Fileur plus alerte ,
Vous m'entendez bien.

II. COMMERE.

Je devine moi , que c'eft le Menin d'Hercule , le brunet Iphis.

OMPHALE.

En devinant mon choix, vous le juftifiez.

IIe. COMMERE.

Eh pourquoi tant tourner autour du pot ;

E iiij

que ne vous expliquez - vous à la fran-
quette ?

OMPHALE *chante.* Air 58. *A l'ombre d'un
ormeau*, Lifette.

A l'ombre d'nn ormeau, feulette,
Filant mon lin tranquillement,
Iphis vint danfer fur l'herbette,
Qu'il fe trémouffe gentiment !
Il a mille agrémens,
Dans tous fes mouvemens.

Il vient.

Air 85.

Qu'il eft poli !
Qu'il eft joli !

I. COMMELE.

Vous en tenez Omphale,
Voyez s'il en tient, lui.

SCENE IV.

OMPHALE, IPHIS.

IPHIS *à part, fans voir Omphale.*

QUe fais-je, malheureux ! j'ofe aller fur
les brifées d'Hercule, il eft mon ami,
& même un peu mon Maître : Que ferai-je,

moi franche mazette, contre un rival robuste
qui affomme les Lions à coups de poing; qui
roffe les Géants comme des Pigmées ; qui
étrille les Centaures comme des Baudets ;
enfin qui eft fi fort , fi fort qu'il a balayé lui
feul des étables qui avoient fait bouquer tous
les bouviers du bon Roi Augias ?

OMPHALE.

Il rêve : il ne fçait pas encore l'amour
qu'il a fait naître ; il faut que je l'intrigue :
la piéce feroit trop tôt finie fi mon cœur
s'expliquoit fans finaffer.

IPHIS *à part.*

Quelle cruelle fituation ! mon cœur me
dit de parler , mes épaules me le défen-
dent. *

Air 63. *Ta la leri , ta la leri , ta la lerire.*

Jouïffez de votre conquéte ,
Votre deftin eft affez doux :
Je viens vous annoncer la fête
Qu'Hercule prépare pour vous.

OMPHALE.

Ma foi , c'eft en vain qu'il foupire.
Ta la leri ,
Ta la leri
Ta la lerire.

* Il apperçoit Omphale.

Un autre amant a prévenu ce Héros dans mon cœur.

I p h i s. Air 22. *L'amour, la nuit & le jour.*

O Ciel ! quel autre amant,
Mérite de vous plaire ?
Hercule seulement
Est digne de vous faire
L'amour
La nuit & le jour.

O m p h a l e.

Ne sçavez-vous qu'Hercule qui puisse charmer une Reine de bon goût ?

Elle chante. Air 86. *Ah mon Dieu ! que de belles Dames.*

Ah mon Dieu ! que de jolis hommes
Que l'on voit ici.

I p h i s.

J'y suis tout seul, vous n'y pensez pas.

A part.

Omphale a des visions, je la crois lunatique.

O m p h a l e *à part.*

Le petit butort ! il ne m'entend pas. *Haut.* Iphis a la conception dure.

I p h i s.

Croyez-moi, tenez-vous-en à mon ami

Hercule, vous sçavez que parmi ses travaux, il y en a qui doivent le mettre en crédit auprès des Dames.

OMPHALE. *Air 18. ô reguingué.*

Je sçai qu'Hercule est fort vanté ;
Ma gouvernante m'a conté ,
O reguingué , ô lon lan la ,
Que par lui cinquante pucelles
Ont cessé d'être Demoiselles.

IPHIS.

Il en a fait des Dames damées ; & cela en une nuit au moins : Madame la Reine , ce ne font pas là des jeux d'enfans . . . . •

OMPHALE.

Il soutient mal sa réputation dans ma Cour ; mais laissons-là ce fileur nouveau.

OMPHALE. Air 17. *On n'aime plus dans nos forêts.*

L'amant que m'offrent les Amours,
Méritoit le mieux cette gloire ;
Mes yeux me le disent toûjours
Et mon cœur se plaît à les croire.

IPHIS *pleurant.*

Vos yeux & votre cœur ont tort.

OMPHALE.

De quoi pleurez-vous donc si fort ?

IPHIS.

Je pleure pour Hercule.

OMPHALE. Air 87. *Je suis la fleur des Garçons du Village.*

à part.   à Iphis.

Quel zele fot !   Oh ! j'admire sans cesse,
L'amitié d'Hercule & d'Iphis ;
On n'a jamais vû former dans la Grece
Des nœuds aussi mal assortis.

IPHYS. Air 88. *Guillot est mon ami.*

Hercule est mon ami ;
Quoique le monde en raille,
Il n'est point endormi,
Lorsqu'il faut qu'il travaille.

OMPHALE *d'un air de dédain.*

Je ne vois rien en lui
Qui, qui, qui ne déplaise . . . . .

IPHIS. Air 42. *Tu croyois en aimant Cole. &c.*

Ah ! c'est trop m'accabler cruelle !
Mon cœur éprouve en ce moment . . . .
La douleur d'un ami fidéle
Et d'un trop malheureux amant.

OMPHALE.

Que dites-vous Iphis ?

I I p h i s. Air 44. *Réveillez-vous belle endormie.*
> Je dis que ma peine mortelle ,
> S'en va me couter un licou ,
> Hercule fait de la ficelle ,
> Il m'en donnera pour un fou.

Il vient fort à propos.

SCENE V.

OMPHALE , IPHIS , HERCULE , COMMERES *Fileuses.*

I p h i s *à Hercule filant.*

AVez-vous de la corde de faite ?

HERCULE.

Tais-toi mon cher ami. Avancez, Dame Jeanne, Dame Ragonde, Dame Perrette , Dame Françoise. *Les Fileuses avancent.*

IPHIS.

Que de belles Dames !

OMPHALE.

Quelle cohuë est-ce-là ?

HERCULE.

Ce sont les plus habiles fileuses du quar-

tier que j'ai raſſemblées pour vous donner
une Fête qui vous convienne.

OMPHALE. Air 89. *Vous avez raiſon*
la Plante.

Vous avez raiſon , Hercule,
J'aime mieux tout ce train la
　　　　Larira ,
Qu'un triomphe ridicule , *
Plus trivial que cela
　　　　Larira.
Vous avez raiſon , Hercule,
Il eſt bon ſur ce ton là.

HERCULE.

Ces Commeres vous apprendront ſi vous
voulez , bien des chanſons à danſer.

OMPHALE.

Oüida.

HERCULE. Air 44. *Réveillez-vous*
belle endormie.

J'ai crû que les chanſons des rües
Vous ennuiroient moins promptement ,
Que des loüanges rebatuës,
Que l'on retourne à tout moment.

Hercule , Omphale , & toutes les Fileuſes
ſe rangent autour de la Salle.

* Divertiſſement du premier acte d'Omphale.

HERCULE *à une Fileuse.*

Allons Dame Jaqueline, chantez-nous les amours de Gombaut & de Macé. * Voici bien une autre chanson.

* On entend le prélude de l'Opéra qui annonce Argine avec le Tonnere & les Eclairs.

SCENE VI.

HERCULE, OMPHALE, IPHIS, LES FILEUSES, ARGINE.

La Simphonie continuë avec le Tonnerre & les Eclairs, & on chante le Vaudeville Oh! oh! toureлouribo, *entremêlé de la Simphonie de l'Opera d'Omphale, Acte second, où sont ces paroles,* quel trouble, quelle horreur soudaine, *&c......*

OMPHALE, HERCULE & *le Chœur.*
Air 51.

Ah! quel carillon, quelle horreur soudaine!
Oh! oh,
Tourelouribo.
L'Enfer contre nous se déchaîne,
Oh! oh,
Tourelouribo;

Le Diable là haut ſe promene,

Oh ! oh ,

Oh ! tourelouribo.

Argine paroît en l'Air ſur un manche à Balai,
ſcellé & bridé.

HERCULE. Air 34. *Mon pere je viens*
devant vous.

Que vois-je ! c'eſt Argine , ô Dieux !

Que je crains ſa jalouſe rage !

IPHIS.

Quel Monſtre l'amêne en ces lieux ?

C'eſt un manche à balai ſauvage . . . . .

Oh ! le vilain Bidet !

Fuyons , je n'aimerois pas trop

Qu'il vint ſur mon dos au galop.

Argine deſcend avec un Flambeau allumé, &
met le feu à toutes les Quenoüilles des Fileuſes qui
s'enſuyent.

HERCULE *riant.*

Voilà ce qui s'appelle mettre le feu aux
étoupes. La belle vangeance !

SCENE

SCENE VII.

ARGINE, HERCULE.

ARGINE.

VOus n'y êtes pas, Monſieur le rieur,
vous en verrez bien d'autres.

HERCULE.

Peſte !

ARGINE.

Ingrat ! tu m'as quittée dans la Phrigie, je
viens te retrouver dans la Lidie ; je t'apren-
drai à faire ainſi courir le guildou à une fille
de ma qualité.

HERCULE.

Oh ! cela n'eſt pas honnête aſſurement.

ARGINE.

Je t'apprendrai à ſacrifier l'héritiere du
devin Tireſias à une petite Reine qui te fait
filer ici le chanvre & le parfait Amour.

HERCULE. Air 45. *Adieu panier, ven-*
danges ſont faites.

Je ſuis bon cheval de Trompettes,
Tous vos cris ne me font pas peur.

Tome II. Hercule filant. F

Pour vous Argine dans mon cœur
Adieu panier vendanges sont faites.

ARGINE.

Adieu panier.... Adieu panier.... tu
ne me feras pas bien-tôt des Adieux ſi plai-
ſans.

HERCULE.

Eh ! de grace laiſſez-moi en repos.

*En s'en allant. Fin de l'Air 66. Il faut que
je file , file.*

Il faut que je file , file .....

ARGINE.

Je te ferai filer doux.

Hola Démons, allez préſentement dans
la ruë ſaint Nicaiſe, prenez-là quelques vieux
habits de Zephirs ; déguiſez-vous & enſuite
amenez ici ma Rivale. C'eſt aujourd'hui le
jour de ſa naiſſance, Hercule n'a pas ſongé
à lui donner un bouquet , & cela eſt fort
impoli pour un amoureux ; je veux me char-
ger moi de cette galanterie-là.

SCENE VIII.

ARGINE , OMPHALE , DEMONS
*déguisés en Zephirs. On apporte un trône de
fleurs semblable à celui de l'Opera.*

ARGINE *à Omphale.*

ASseïez vous-là petite mijaurée ; vous
êtes la Reine du bal. * Vous beaux
masques retirez-vous , ce n'est pas encore
votre tour à danser. Commençons d'abord
par enforceler ma Rivale... ** bon , la
voilà immobile , je vais l'assassiner à mon
aise.

Air 90. *Allons gay.*

On me hait , on l'adore ,
Je frémis d'y penser ,
* Dieux ! que n'a-t'elle encore
Plus de sang à verser.

Je voudrois que l'on ne l'eût saignée de
sa vie. Allons , frapons.

Elle chante.

Allons gay , d'un air gay , toûjours gay...

* Aux Démons qui ont amené Omphale.
** Elle fait le lazi d'enchanter Omphale.
*** Vers de l'Opéra.

F ij

SCENE IX.

ARGINE, OMPHALE *enchantée;* **HERCULE.**

HERCULE arrête le bras d'Argine & la dé-
sarme dans le moment qu'elle va tuer Ompha-
le & chante. Air 49. *Tur lu tu tu rengaine.*

TUr lu tu tu rengaine, rengaine, rengaine,
Tur lu tu tu rengaine, rengaine ton couteau.

ARGINE *avec étonnement.* Air 44. *Réveillez-*
vous belle endormie.

    Quelles machines inconnues.
    Amenent ici ce Héros ?
    Il faut qu'il soit tombé des nuës
    Pour arriver tant à propos.
          HERCULE.

Je me suis douté que vous lui feriez quelque malice.

            ARGINE.

Arriver au secours d'Omphale précisé-
ment dans la minute qui alloit terminer sa
vie ! quelle diligence Géometrique ! *

  * Argine veut reprendre son poignard, Hercule la
repousse.

Air 55. *Lon lan la derirette.*

Puisque tn gardes mon couteau ,
Vien donc l'enfonçer dans ma peau ,

HERCULE.

Lon lan la derirette

ARGINE.

Vien me percer . . . . .

HERCULE.

Oh ! que nenny.
Lon lan la deriri.

ARGINE.

Oüi ! tu le prens sur ce ton là ?

Air 37. *Aux Armes Camarades.*

A l'aide Camarades ,
Diablotins vangez-moi de ce poilou-là.
A l'aide Camarades ,
Enlevés sa chere Donna. *

UN DE'MON.

Nous l'allons emmener dans votre Cale-
che à six Dragons. * *

HERCULE.

Ah ! cruelle Argine qu'allez-vous faire ?

ARGINE *chante.* Air 91. *Tout comme il vous*
plaira larira.

Tout comme il vous plaira larira ,

* Les Démons vôlent à la voix d'Argine.
** Les Démons enlévent Omphale.

Tout comme il me plaira.

A deux, Air 21. *Morguienne de vous.*

Redoutez mes coups
Plus que mes paroles,
Ma fureur ne vous
Promet pas poires molles,
Morguienne de vous,

Argine. *　　　　　　　　　*Hercule.*

Quel homme!　　　　　Quell' femme!

A deux.

Morguienne de vous.

Argine . . . . . Quel homme!　⎱
　　　　　　　　　　　　　　⎰ êtes-vous.
Hercule . . . . . Quell'femme!　

S C E N E X.

IPHIS *seul arrive en tremblant.*

BOn, la Sorciere est decampée; ventrebleu qu'elle m'a fait peur . . . mais d'où
revient Hercule? qu'il est essoufflé!

* Ils répetent trois fois en s'entrecoupant, quel
homme! quell' femme!

SCENE XI.

HERCULE, IPHIS.

HERCULE.

O Dieux! que viens-je d'apprendre? la Reine a declaré à ma barbe & à celle d'Argine, que j'avois un Rival heureux : cette nouvelle a tout d'un coup réjoüi la Sorciere, elle a donné la clef des champs à Omphale fans trop s'informer de la verité du fait ; ma foi Argine eft bien dupe !

IPHIS.

Cela produira de nouvelles Scenes.

HERCULE.

Je t'en répons . . . mais la Reine n'a peut-être dit cela que pour tromper la Magicien-ne ; car enfin elle n'a point nommé l'objet de fa tendreffe.

IPHIS.

Voulez-vous le connoître ?

HERCULE.

C'eft tout ce que je defire.

IPHIS.

Je vais vous enfeigner un bon fecret pour

fçavoir au plus jufte qui eft le fripon qui vous a volé le cœur d'Omphale : priez Argine de tourner le fas.

HERCULE.

L'expédient eft infaillible ; j'en aurai le cœur net, Argine vient ici comme de cire.

IPHIS *voulant s'en aller de peur.*

Je ne veux pas vous importuner.

HERCULE.

Non : refte je n'ai rien de caché pour toi.

SCENE XII.

HERCULE, IPHIS, ARGINE.

ARGINE. Air 29. *Je ne fuis né ni Roi ni Prince.*

SUr tes pas mon amour m'ameine.

IPHIS.

Vous avez-là un amour qui vous fait bien troter.

ARGINE.

Omphale . . . . .

HERCULE.

Vous favez fa haine ;

Je

Je l'en paye à gros interêts.
Découvrez-moi l'objet qu'elle aime...

ARGINE.

C'est donc ainsi que tu la hais?
Ah ! que ne me hais-tu de même.

HERCULE.

De grace, accordez-moi ce que je vous demande.

ARGINE.

Je te l'accorde à ma considération ;

Air 28. Je reviendrai demain au soir.

En faisant pour toi cet effort,
J'apprens aussi mon sort.... *bis.*

Mais je ne sçais ce que je dis : mon destin ne m'est-il pas connu ? tu m'as prouvé très-évidemment que tu ne m'aimes pas, qu'ai-je encore à apprendre ?

HERCULE. .

Oh ! Madame, qui n'est bon que pour soi n'est bon à rien.

Continuant le même Air.

Dépechez-vous, ne tardez pas,

ARGINE.

Soit ; quoique je n'aye aucun intérêt.

Achevant l'Air.

Je vais tourner le fas..... *bis.*

HERCULE

Que cette falle devienne noire comme un
jeu de paulme. *

* Le Théatre change, & repréfente une caverne
Magique.

SCENE XIII.

HERCULE, OMPHALE, IPHIS; DEUX SORCIERS, UN GROS CHAT.

ARGINE. Air 18. *ô reguingué.*

Accourez avec le gros Chat
Digne Préfident du Sabat,
O reguingué, ô lon lan la,
Graiffez-vous Sorciers & Sorcieres,
Sortez, fortez de vos tanieres. **

IPHIS *effrayé.*

Oh ! quel Rominagrobis !

ARGINE *careffant le Chat.*

Minet, minet, minet.

IPHIS.

Je ne crois pas qu'il y ait un Chaudronnier
affez hardi pour toucher à ce Minet-là.

** Les Sorciers arrivent avec le gros Chat.

A R G I N E *& les Sorciers careſſant le Chat.*

Minet, minet, minet. *

I P H I S.

Voilà une converſation de goutiéres.

A R G I N E *tourne le ſas.* Air 5. *Les Trem-bleurs.*

> Ciel ! que vois-je ? je m'égare . . .
> Je vois l'horrible Tenare . . .
> Ah ! je vois près du Tartare
> L'ombre de mon cher Papa . . .
> Je vois, je vois . . .

I P H I S.

Quand aura-t'elle tout vû ?

A R G I N E *à Hercule.*

> Tremble ingrat, dès ce jour mérne,
> Malgré ta colere extrême,
> Avec ton rival qu'elle aime
> Omphale ſe marira,
> rira, rira, rira, rira, rira, rira, rira,

H E R C U L E.

Qu'ai-je entendu ? je creve dans ma peau.

A R G I N E.

Et moi dans mon habit.

* Le Chat miaule.

G ij

HERCULE *à Iphis.*

Soutiens-moi, je me trouve mal.

ARGINE.

Je me meurs.

IPHIS.

Allons-nous évanoüir tous ensemble. *

SCENE XIV.

Le Theatre change, & repréſente le Temple de l'Amour.

OMPHALE.

JE ne ſçai pas trop comment je ſuis reve-
nuë dans ce Temple de l'Amour, mais
enfin m'y voilà.

Air 91. *L'autre jour ma Cloris.*

Amour à mon amant
Va réveler ma flâme,
Vôle dans ce moment,
Va regner dans ſon ame :
Cher Iphis mes amours,
Je t'aimerai toûjours.

* Iphis ſoutient Hercule ; un Sorcier, Argine ;
tous ſortent avec le Chat.

Air *79. J'entends déja le bruit des Armes.*

Je vais faire un vœu ridicule,
(Mon amour, tout vous eft permis,
Quand de ton feu notre cœur brûle,)
Sur mes appas marque deux prix,
Rabaiffe-les aux yeux d'Hercule,
Et furfais-les à ceux d'Iphis.

Offrons nos jeux à Cupidon ; puiffe-t'il me rendre mon petit brunet, & écarter loin de mon Royaume ce mauffade Hercule avec fa Sorciere. Vous, accourez Bouquetieres commodes, & compatiffantes Revendeufes à la Toilette.

Air *75. Que je chéris mon cher voifin.*

Mêlez vos voix dans ce féjour
A nos doux facrifices :
Qui pourroit mieux chanter l'amour
Que ces Ambaffadrices ?

SCENE XV.

OMPHALE, BOUQUETIERES;
REVENDEUSES *à la Toilette.*

On danse sur l'Air d'Omphale Dans un si beau
jour, *&c.....*

Une REVENDEUSE *chante le même* Air 135.

AMans malheureux servez-vous de nous
Et vous aurez bientôt un destin plus
doux.
Sans les Revendeuses,
Timides galans,
Vos peines fâcheuses
Dureroient mille ans.
Amans malheureux, &c.
Par nos soins, les belles
Ont de bons hazards,
Rubans & Dentelles,
Bijoux & Brocards,
Et Poulets près d'elles,
Trompent les Renards.
Amans malheureux, &c.

OMPHALE.

Je vois Iphis.

LA REVENDEUSE.

Nous nous retirons ; nous ſçavons notre
métier. *

OMPHALE.

Oh ! pour le coup voilà une fête agréa-
blement interrompuë !

* Les Bouquetieres & Revendeuſes ſortent.

SCENE XVI.

OMPHALE, IPHIS.

OMPHALE. Air 13. *Mais ſurtout prenez
bien garde à votre Cotillon.*

QUoi vous voilà mon cher mignon
    Je vous aime . . . . .

IPHIS.

Eſt-ce tout de bon ?

OMPHALE.

Oüi , je ne fais plus de façon.

IPHIS.

Omphale , prenez donc garde
A votre cotillon . . . . . *bis.*

OMPHALE. Air 10. *De la ſerrure.*

C'eſt pour vous ſeul que je ſoupire ,
         G iiij

Je fens croître encor mon amour
Par le plaifir de vous le dire . . . . .

IPHIS.

Fi , c'eft du verbiage que cela ; & dans
le temple de l'Amour on ne doit pas s'amufer à la moutarde.

HERCULE *dans la couliffe.*

Par la tête , par la mort , par la fambleu !

OMPHALE.

J'entens Hercule ! que je crains fes jure-
mens !

IPHIS *tremblant.*

Et moi fa maffue.

SCENE XVII.

OMPHALE , IPHIS , HERCULE.

HERCULE *à Omphale.*

C'eft donc ici que vous attendez votre
galand ; mais fa mort . . . . . * eh ! te
voilà.

Air 70. *Dupont mon ami.*

Iphis mon ami

* Appercevant Iphis,

Par quelle avanture
Te voit-on ici ?
Je le conjecture ,
C'est ta fidelle amitié
Qui de mon sort prend pitié.

Tu venois m'immoler deux amans odieux.

IPHIS.

Cela est vrai : malepeste qu'Hercule est
pénétrant.

HERCULE. Air 64. *Les filles de Nanterre.*

Oh ! quel ami fidele ?
Que j'ai fait un bon choix !
Pour le prix de ton zele
Viens me baiser cent fois.

IPHIS.

C'est me payer trop grassement.... *
ouf... vous m'étouffez ... voilà comme
vous avez embrassé Monsieur Antée. Mais
continuez, étouffez-moi, je ne le mérite
que trop.

HERCULE. Air 39. *A la façon de barbari.*

Que dis-tu la , mon cher enfant ?
Dieux ! n'est-ce point un songe ?
Iphis, seroit-ce dans ton sang
Qu'il faut que je me plonge ?
Es-tu mon rival ? parle donc.

* Hercule l'embrasse.

IPHIS *pleurant.*

La faridondaine
La faridondon ,

HERCULE.

Ne serois-tu plus mon ami ?

IPHIS.

Oh! que si ,

A la façon de barbari
Mon ami.

J'aime la Reine & j'en suis aimé ; il est
tems de vous dire cela.

HERCULE.

Ciel ! que viens-tu de me répondre ?

IPHIS. Air 46. *De mon pot je vous en répond.*

Par mon trépas , je vais Seigneur
Expier mon bonheur.
Oüi mon repentir est extrême ,
Je veux me poignarder moi-méme ;
De mon bras je vous en répond , *
Mais du poignard non non. **

OMPHALE *l'arrêtant.* ***

Que faites-vous Iphis ?

IPHIS.

Prenez garde de vous couper.

* Tirant sa batte.
** Il feint de se tuer avec sa batte.
*** Elle se jette à pleines mains sur la batte.

HERCULE *entrant en fureur*. Air 44. *Réveillez-vous belle endormie*.

Ah ! vous tremblez donc pour sa vie ?
Ce soin irrite mes fureurs ;
Vangeons ma tendresse trahie :
Mourez, partagez mes douleurs,
Mourez, ingrats, mourez. *

IPHIS.

Laissez-moi du moins faire mon Testament.

HERCULE.

Que fais-je ? arrête, Alcide, arrête....

IPHIS.

Oüi arrête, c'est bien dit.

HERCULE *furieux*. Air 19. *Quand on a prononcé ce malheureux oüi oüi*.

Le Tonnere en grondant s'allume sur ta tête,
Tremble . . . . .

IPHIS.

Je tremble assez.

HERCULE *furieux*.
La foudre est toute prête.

IPHIS *à part*.

Il a bien tonné aujourd'hui.

* Hercule feint d'assommer Iphis avec sa massue.

HERCULE *chante.*

Quel trouble! quels objets à mes yeux sont offerts:
Je crois voir Jupiter au milieu des éclairs.

IPHIS.

Hercule a la Fievre chaude.

HERCULE *plus tranquille.* Air 40. *Ah!*
Robin tais-toi.

Dans la fureur qui m'anime
Ah! je t'entends Dieu puissant . . :.
Tu plaides pour cet innocent, *
Mon cœur sera sa victime.
Jupiter tais-toi
    Tu seras, tu seras, tu seras, mon pere:
Très content de moi.

Fin de l'Air 62. *Mariez, mariez, mariez-moi.*

Mariez, mariez, mariez-vous
Iphis épousez Omphale,
Mariez, mariez, mariez-vous,
Je ne serai plus jaloux.

IPHIS.

N'est-ce point raillerie?

OMPHALE.

Ce changement n'est pas croyable?

HERCULE.

Que voulez-vous; il faut bien faire une
* Montrant Iphis.

fin. Mes fureurs ne reſſemblent guéres à celles de Roland ; il a fallu le ſecours de Logiſtile pour le guérir de ſa folie, & la mienne ſe guérit toute ſeule.

IPHIS.

Mais ſi Madame Argine......

HERCULE.

Que vous importe de ſçavoir ce qu'elle eſt devenuë ? elle feroit mauvaiſe figure ici. Lorſqu'on fera un Opera de vos amours , Argine ne paroîtra au dénouement que dans le livre des paroles. Allons , * je vois nos voiſines les fileuſes qui viennent apparemment vous chercher ici , il faut leur déclarer qu'Iphis eſt leur Roi :

Air 7. *Ton himeur eſt , Cathereine.*

Camarades filandieres
Voici le Roi de ces lieux.

à Iphis... Ne prenez pas mes manieres ,
Vous, cher Iphis, faites mieux.

IPHIS.

Ne craignez pas que nos flames
Filent dans leurs doux inſtans ;
Avec un fuſeau les Dames
Ne s'amuſent pas long-tems.

On danſe.

* Apperce vant les Commeres.

VAUDEVILLE. Air 36.

AUjourd'hui de nos Damerets
La tête en buvant se barbouille ;
Tandis qu'Iris boit à long traits ,
Le Vin tombe en quenouille . . . ma foi.
Le Vin tombe en quenouille.

Damon dort sous son domino
Tandis qu'une beauté citrouille ,
Saute sans demander gano,
Le bal tombe en quenouille . . . ma foi.
Le bal tombe en quenouille.

Venus dans tes jeux pleins d'appas
Le blondin perd souvent bredouille ,
Et les belles n'y gagnent pas ;
L'Amour tombe en quenouille. . . ma foi.
L'Amour tombe en quenouille.

ARLEQUIN *au public.*

Le sexe fait pour enchanter ,
Pour nous est froid comme grenoüille ;
Nous voudrions pouvoir chanter ,
Le goût tombe en quenoüille . . . ma foi.
Le goût tombe en quenoüille.

FIN.

ARLEQUIN

PERSÉE.

COMEDIE.

Repréfentée pour la premiere fois par les
Comédiens Italiens ordinaires du Roi,
le Vendredi 18. Décembre 1722.

ACTEURS.

PERSE'E Arlequin.
ANDROMEDE.
MEROPE.
PHINE'E.
MERCURE.
CASSIOPE.
MEDUSE.
Les deux GORGONES.
La POISSONNIERE.
Le TRITON.
CICLOPES.
NIMPHES Guerriéres.
DIVINITE'S Infernales.
TRITONS.
AMPHIMEDOR.
CORITE.
PROTENOR.
Un PESCHEUR.
POISSONNIERES.
PESCHEURS.

La Scene est en Ethiopie.

ARLEQUIN

ARLEQUIN PERSÉE.

PARODIE.

Le Theatre repréſente au fond le Temple de Junon, & ſur les aîles une Place publique dans un goût burleſque, avec des Crocheteurs, des Maſſons, Vendeuſes de Pommes, de Châtaignes, & autre Populace.

SCENE PREMIERE.
CASSIOPE, MEROPE.

Cassiope *regardant derriere elle d'un air inquiet.*

Air 36. *Belle Brune, belle Brune.*

UOI Cephée.... bis.
Ne vient-il pas avec nous?

MEROPE.

Vous voilà bien échauffée !

CASSIOPE.

Quoi Cephée..... bis.

Tome II. *Arlequin Perſée.*　　　　H

MEROPE.

Eh ! ma chere Sœur Caſſiope , que diantre voulez-vous faire de votre vieux mari
Cephée ? c'eſt bien le plus inutile perſonnage qu'on puiſſe produire en compagnie ; je
vous aſſure qu'il joueroit ici avec nous un
Rolle fort peu néceſſaire.

CASSIOPE. Air 10. *La ſerrure.*

Heureuſe Epouſe , heureuſe Mere ,
J'en faiſois par-tout vanité.

MEROPE.

Bien m'en prend de n'être pas fiere ,
Les Dieux puniſſent la fierté. *

Mais ma ſœur , vous êtes une étrange
femme , au moins : vous vous vantez d'être
heureuſe épouſe & heureuſe mere ; pour
heureuſe épouſe , je vous en deffie , le bon-
homme Cephée n'eſt pas d'un âge à prouver
votre bonheur dans le mariage : à l'égard
d'heureuſe mere , cela me ſurprend encore ;
il eſt vrai que ma niéce Andromede eſt aſſez
drôle , mais on voit peu de meres qui s'ap-
plaudiſſent d'avoir une jolie fille.

CASSIOPE. Air 59. M. *Lapaliſſe eſt mort.*

Par un cruel châtiment
Les Cieux nous font voir leur haine ;

* Vers de Perſée.

On les irrite aifément ,
On les appaife avec peine.

Chœur ✻ *de Perfée. Acte I. Scene V.* Air 1 37.

Laiffez calmer votre colere ,
O Junon exaucez nos vœux !
Si nous pouvions vous plaire ,
Que nous ferions heureux !

M E R O P E.

Eh ! mais ma fœur , vous n'y penfez-pas ; on n'a jamais imploré l'affiftance des Dieux dans une calamité publique , fur un ton auffi enjoüé ! on diroit d'une contre-danfe.

C A S S I O P E Air 8 9. *Vous avez raifon la Plante.*

Vous avez raifon Mérope ,
Il n'eft pas bon ce ton-là ,
Pour cela.

M E R O P E.

O ça , ma fœur , nous pouvons parler ici librement : nous ne fommes que dans la plus grande Place de la Ville , nous n'avons pour témoin de notre converfation que la Populace , qui eft fort difcrette ordinaire-

___

✻ La Mufique de ce chœur paroît trop gaye pour le lieu où elle eft placée.

H ij

ment ; puifque le lieu me le permet, je vais vous faire une confidence qui me pefe , & qui demande un fecret profond. Croiriez-vous bien, ma très-honorée fœur , que pendant que tout gémit à la Cour des maux que Medufe caufe à nos Etats , je me fuis occupée moi que d'un petit ingrat que j'aime?

CASSIOPE Air 32. *Des Fraifes.*

Ma Fille pour époufeur
Aura Monfieur Phinée ;
Et moi, pour adorateur,
Je voudrois vous voir , ma fœur ;
Perfée , Perfée , Perfée.

MEROPE.

Grand merci de vos fouhaits , ma fœur ; mais.

L'Air 93. *C'eft pas pour vous que le Four chauffe.*

Ce n'eft pas pour nous ,
Que le Four chauffe ;
Ce n'eft pas pour nous
Un tel époux.

Le petit fripon de Perfée lorgne ma niéce Andromede.

CASSIOPE. *Vers & Chant de Perfée.*
Acte I. Scene II. Air 138.

Cachez bien la foibleffe où votre cœur s'engage.

MEROPE. Air 15. *Pierre Bagnolet.*

Je cache bien mon efclavage,
Mon petit ingrat n'en fçait rien.
Je mourrois de honte & de rage,
S'il fçavoit où le mal me tient.
  Oüi je mourrois,
  Oüi je mourrois,
Je mourrois de honte & de rage,
S'il fçavoit où le mal me tient.

CASSIOPE. Air 75: *Que je chéris mon
cher voisin.*

Par ma foi j'oubliois les jeux
Qu'à Junon l'on appréte,
            MEROPE.

Vous auriez pû dépenfer mieux,
Ll'argent de cette Fête.

Junon eft obftinément vindicative, &
vous ferez la dupe de votre galanterie.

SCENE II.

CASSIOPE. Air 55. *Lon lan la
derirette.*

POur appaifer l'efprit malin,
De l'Epoufe du grand Jupin,
Lon lan la derirette,

Hélas ! je n'ai rien épargné ,

    Lon lan la deriré.

Air 39. *A la façon de Barbari.*

Non contente de la chommer

    En fort bonne Musique

A son honneur j'ai fait rimer

    Un gros Poëme * Epique ,

Imprimé par souscription ,

    La faridondaine ,

    La faridondon ,

On en doit voir un grand débit ;

MEROPE.

Biriby ,

A la façon de Barbari ,

    Mon ami.

CASSIOPE. Air 56. *Notre espoir alloit faire naufrage.*

Souscrivez , ma Sœur , car on y gagne.

MEROPE.

Où peut-on souscrire enfin ?

CASSIOPE.

            Par tout.

En Hollande , en Pologne , en Espagne ,

Italie , Angleterre , Allemagne ;

---

* On publia dans ce tems-là les souscriptions d'un Poëme de la Ligue , & l'on indiquoit pour les rece-voir, des Libraires dans toutes les Villes de l'Europe.

C'eft là le grand goût

MEROPE.

Mais nommez-moi du moins ces Villes
privilégiées où l'on vendra ce bel ouvrage.

CASSIOPE. Air 94. *Que n'aimez-vous,*
cœurs iufenfibles.

A Mildelbourg,
Groningue, Gene,
Mayence, Ausbourg,
Francfort, Strasbourg,
Bâle, Nancy, Stokolm, Belgrade, Vienne,
Prague, Bude, Munick & Philisbourg :
A Nantes, à Rennes,
Londres, Edimbourg,
Fréderisbonrg,
Naples, Final, Florence & Pife,
Parme, Modene, Anvers, Hambourg,
Limoges, Tours,
Rome, Venife,
Lyon, faint Flour,
Et Pétersbourg.

Air 95. *La grandeur brillante.*

Roüen, Cracovie,
Valence, & Madrid,
Mofcou, Cujavie,
Deventer, Zurich,
Coppenhague & Leipfick,

Paris , Varſovie ,

Pampelune , Kell ,

Namur , Dijon , Caſſel ,

Luques , Milan , Pavie ,

Hall , Pau , Mons , Tournay , Volfenbutel ,

Franckendal , Cologne ,

Chambery , Dublin ,

Valenciennes , Boulogne ,

Mets , Aix , Reims , Fribourg , Landau , Berlin.

Air 5. *Les Trembleurs.*

Portolongone , Crémone ,

Ratisbonne , Carcaſſone ;

Verone , Lisbonne , Ancone ,

Montelimart , & Dinant.

M E R O P E.

La Liſte eſt-elle là toute ?

C A S S I O P E.

Oüi , je n'ôte ni n'ajoûte.

M E R O P E.

Votre Auteur en veut ſans doute

Aux Libraires d'Hiſpahan ,

An , an , an , an , an , an , an.

M E R O P E *ſeule* , **Air 26.** *Joconde.*

Ah ! je garderai bien mon cœur ,

Si je puis le reprendre !

Briſons des fers pleins de rigueur ,

Briſons , c'eſt trop attendre.

Mais

Mais l'amour eſt un franc voleur,
Qui n'aime pas à rendre
Ah ! j'ai trop engagé mon cœur,
Je ne puis le reprendre.

Andromede approche avec Phinée ; il me
paroît qu'ils ſe pointillent ; ſçachons un peu
quelle mouche les pique.

SCENE III.

MEROPE, ANDROMEDE, PHINE'E.

PHINE'E. Air 96. *Ma Commere quand je danſe.*

CRoyez-moi,
Ceſſez de feindre,
Vous ne m'aimez pas, je le vois.

ANDROMEDE.

Croyez-moi,
Ceſſez de craindre ;
Je veux vous aimer je le dois.

à deux.

Ah! croyez moi, Ah ! croyez moi,
Ah ! croyez-moi, croyez-moi, croyez-moi,

Tome II. Arlequin Perſée.   I

Croyez-moi ,

Ceffez de { feindre ,
{ craindre ,

PHINE'E.... Vous ne m'aimez pas , je le vois.

ANDROMEDE. Je veux vous aimer , je le dois.

M E R O P E. Air 41. *Quand Moyfe fut offenfé.*

Vous étes tous deux aimables,
Et vous vous aimez tous deux :
Quels differends font capables
De troubler de fi beaux nœuds ?

A N D R O M E D E.

Sans raifon , Monfieur éclate.

P H I N E' E.

Ah ! condamnez une ingrate.

A N D R O M E D E.

Ah ! condamnez un jaloux.

M E R O P E.

Ah ! que les amans font fous !

à part.

J'en juge par moi-même.

P H I N E' E à Merope. Même Air.

Andromede , veut , Madame ,
Me donner du *galbanon* ;
Perfée a furpris fon ame ,
En vain fa bouche dit , non.

ANDROMEDE *à Phinée.*
De quoi se plaint votre flame ?
Je dois être votre femme ,
Ne l'a-ton pas résolu ?

PHINE'E.
Oüi : mais , je serai cocu.

ANDROMEDE.
Voilà des politesses de Phinée ! en verité ,
ma tante , il a le plus grand tort du monde
de se plaindre de moi.

Air 8. *Tarare ponpon.*
Le devoir sur mon cœur lui donne un juste empire ,
Peut-il être jaloux d'un malheureux rival ?

PHINE'E. Air 139. *Vers & chant de Persée.*
Acte I. Scene 4.
Non , je ne puis souffrir qu'il partage une chaîne
Dont le poids me paroît mignon.
Quand vous l'accableriez de cent coups de bâton ,
Je serois jaloux de sa peine.

ANDROMEDE.
Je gagerois bien que voilà le seul senti-
ment raisonnable qui sortira de la bouche de
Phinée.

PHINE'E.
Vous avez beau dire, si Persée étoit malheureux, il pesteroit contre vous; mais il est
trop flegmatique pour être amant infortuné.

I ij

Air 42. *Tu croyois en aimant Colette.*

L'Amour que l'efpoir abandonne
Eft moins tranquille & moins content . . . :

ANDROMEDE. Air 12. *Quand le peril
est agréable.*

Je fuis avec un foin extrême ,
Ce rival que l'on croit aimé ;
Ma tante , a-t'on accoûtumé
De fuir ce que l'on aime.

PHINE'E. Air 42. *Tu croyois en aimant
Colette.*

Lorfqu'on fuit un amant aimable ,
Doit-on ainfi s'en prévaloir ?
Vous l'avez trouvé redoutable
Puifque vous craignez de le voir.

ANDROMEDE , *même* Air.

Tout vous fait peur , tout vous irrite......:

MEROPE. *

Alte-là , ma niéce , s'il vous plaît , vous
madrigalifez pendant une heure le plus joli-
ment du monde ; mais quelle figure fais-je
moi pendant tout ce tems-là ?

ANDROMEDE.

Ma tante a raifon; nous lui faifons ici fort

_____

* Mérope pendant la Scene avoit témoigné fon
ennui par des lazis.

incivilement croquer le marmot ; finiſſons
Phinée, & ſoyez certain que je ne veux
point voir le mérite de Perſée : entendez-
vous ? je ne veux point voir ſon mérite.

Air 96. *Ma commere quand je danſe.*

Ne me faites plus d'injuſtice,
Je veux vous aimer, je le dois.

P H I N E' E.

Ne vous ſervez plus d'artifice,
Vous ne m'aimez pas, je le vois.

à deux.

Ah ! croyez-moi, ah ! croyez-moi,
Ah ! croyez-moi, croyez-moi, croyez-moi ;

Croyez-moi, ceſſez de { feindre ,
{ craindre ,

P H I N E' E... Vous ne m'aimez pas, je le vois.
A N D R O M E D E ... Je veux vous aimer, je le dois.

M E R O P E.

Ah ! croyez-moi plûtôt tous les deux ;
ne reſtez pas davantage à quereller dans la
ruë, il n'eſt permis qu'aux Revendeuſes &
aux Savetiers d'y rendre le public confident
de leurs Amours à coups de poing ; rentrons
dans le Palais, allons bouder tous trois au
coin du feu.

P H I N E' E.

Madame Merope eſt une fille ſenſée :

effectivement il n'eſt pas trop ſage de nous
picoter ainſi dans une place publique, pendant que nous apprehendons à chaque inſtant
l'arrivée de Meduſe : ſi cette vilaine bête-
là alloit nous ſurprendre, cela ne ſeroit pas
ſain. Dès qu'on la regarde on eſt métamor-
phoſé en pierre de taille, eût-on la molleſſe
d'un petit collet.

SCENE IV.

PHINE'E, ANDROMEDE, MEROPE,
AMPHIMEDOR *en porteur d'eau avec ſes
Seaux*, CORITE *en décroteur, &
PROTENOR en mitron. On fait de la
rumeur derriere le Theatre avant leur arrivée.*

AMPHIMEDOR. *Air 38. Nanon dormoit.*

NOs vœux ſont vains
Et Junon les refuſe ;
De nos voiſins
Ont apperçu Meduſe ;
J'ai vû je ne ſçais où,
J'ai vû, j'ai vû, un Greffier dur comme un caillou.

ANDROMEDE.
Voyez le beau miracle !

PHINE'E.

Un Greffier devenu caillou ! cela eſt Phy-
ſique , mon ami : la tête de Meduſe durcit
les objets à proportion de la diſpoſition qu'ils
ont à la dureté ; & ſuivant ce principe-là un
uſurier doit être changé en marbre, tandis
qu'un chantre Italien à voix feminine ne ſera
transformé qu'en moilon.

MEROPE.

Mais ſauvons-nous donc ; nous avons
tous la rage de faire toûjours des contre-
tems.

ANDROMEDE.

De quel côté vient Meduſe ?

CORITE *montrant à droite.*

Par-là , par-là.

PROTENOR *montrant à gauche.*

Par ici , par ici.

PHINE'E.

Comment diable , elle vient à droite & à
gauche ? peſte des butors ! *

---

* Ils courent de-çà , de-là , ſans pouvoir ſe déter-
miner ſur le chemin de leur fuite.

I iiij

S C E N E V.

MEROPE, ANDROMEDE, PHINE'E, CASSIOPE.

CASSIOPE *les arrêtant*. Air 21. *Morguiene de vous.*

M Orguiene de vous,
Sœur, Fille & Beau-Frere ;
Morguiene de vous,
Pourquoi fuyez-vous ?

PHINE'E.

Pourquoi nous fuyons ? oh parbleu ce
n'eft pas pour des prunes : on vient de nous
annoncer Medufe, elle nous rend, dit-on,
une vifite ferieufe.

CASSIOPE. Air 9. *Sois complaifant,
affable débonnaire.*

Je viens ici moi-même vous le dire,
Raffurez-vous, Medufe fe retire,
Mais . . . . .

Chant de Perfée. Acte III. Scene I.
Air 140.

Elle peut revenir, elle peut nous furprendre,
Junon s'obftine à fe venger.

Contr'elle aucun des Dieux n'a soin de nous défen-
dre ,
    Mon seul espoir est d'engager
    Jupiter à nous proteger.

PHINÉE. *Air 97. Du haut en bas.*

    Je vous entens ,
   Je sçai quelle est votre espérance ;
    Je vous entens ,
  Vous trahissez mes feux constans :
  D'un rival dont l'amour m'offense ,
  Vous m'allez vanter la naissance ?
    Je vous entens.

Mais où est le Roi mon frere ? il m'a donné sa parole , je veux lui parler.

ANDROMEDE.

Vous pouvez parler comme s'il étoit ici ,
la présence du Roi ne changeroit rien à votre
fortune ; il ne feroit que repeter ce que vous
dit la Reine.

MEROPE.

Adieu , Mesdames.

ANDROMEDE.

Ma chere tante , ne nous quittez pas.

MEROPE.

Je n'ai que faire ici pendant un petit quart
d'heure , comptez sur moi , ma chere niéce,

je reviendrai quand il faudra pleurer avec
vous.

S C E N E   V I.

CASSIOPE, ANDROMEDE, PHINE'E.

P H I N E' E *à Caſſiope.*

N Avez-vous point de honte, Madame ,
de vouloir me préferer un avanturier
qui n'oſe montrer ſon Extrait Baptiſtaire ?

A N D R O M E D E.

Mon oncle , vous êtes une mauvaiſe langue au moins ; mais on ne s'en rapportera
pas à vous : nous ſçavons que Perſée eſt de
bonne famille . . . .

C A S S I O P E. Air 3. *Vraiment ma Commere*
oui.

De Jupiter il eſt Fils . . . . .

P H I N E' E.

Vraiment ma commere oüi.

A N D R O M E D E.

Il le dit , il le faut croire . . . .

Vraiment ma commere voire ,

Vraiment ma commere , oüi.

CASSIOPE. Air 1. *Zin, zon, zon.*

>Oh ! bien pour le draper
>Vous n'aurez plus d'excuse ;
>Il offre de couper
>La téte de Meduse . . . . .

PHINE'E.

>Et zon, zon, zon,
>Le drole vous abuse ;
>Et zon, zon, zon,
>Persée est un Gascon.

CASSIOPE. Air 60. *Dedans nos bois il y a un Hermite.*

>Ma chere Fille est le prix qu'il demande . . . .

PHINE'E *ricannant.*

>Oh ! cela vaut cela.

>Souffrez pourtant que mon feu se défende
>Contre ce galant-là.
>J'aurai l'appui du Roi dans cette affaire,
>Car je suis son frere,
>Moi,
>Car je suis son frere.

CASSIOPE. *Même* Air.

>Le bien public est préferable au vôtre,
>Beau frere entendez-vous ?
>N'esperez pas lorsqu'il y va du nôtre
>Enjoller mon Epoux ;
>Je sçaurai bien prescrire au Roi sa gamme,

Car je suis la femme ,

Moi ,

Car je suis sa femme *.

ANDROMEDE.

Ma mere s'en va aussi ? tant mieux , sa présence me génoit : rêvons profondément à mes malheurs.

* Ils sortent tous les deux , l'un d'un côté , l'autre de l'autre , en répétant chacun les deux derniers Vers de leur couplet.

SCENE VII.

ANDROMEDE , MEROPE.

MEROPE *sans voir Andromede.*

Air 14. *Or écoutez petits & grands.*

HElas ! il va périr , pourquoi
Et tant de pleurs & tant d'effroi ?
C'est Andromede qui le lie ,
Quel interêt ai-je à sa vie ?
Il ne vivroit que pour la voir ,
Je devrois serrer mon mouchoir.

ANDROMEDE. Air 6. *Tout cela m'est indifferent.*

Infortunez qu'un monstre affreux

A changés en rochers poudreux :
Vos cœurs font pour jamais paifibles,
Votre fort n'eft pas fi piteux ;
Hélas, hélas, les cœurs fenfibles
Sont mille fois plus malheureux.

MEROPE.

Oh ! oh ! ma niéce fait comme moi fon monologue boudeur dans fon petit particulier ; elle aime Perfée . . . . . elle partage ma maladie, je vois dans fes yeux que nous avons befoin toutes les deux de la même Medecine.

ANDROMEDE. Air 20. *Ne m'entendez-vous pas.*

Il n'aime que trop. . . . .

MEROPE.

Eh ! quoi, ma niéce, il y a long-tems que je me promene ici & vous ne vous en appercevez pas ?

ANDROMEDE.

C'eft que je fuis fort diftraite.

MEROPE.

Ne faites point la diffimulée ; je fuis au fait de vos chagrins.

Air 29. *Je ne fuis né ni Roi ni Prince.*

Affocions notre trifteffe ;
Qu'importe à qui de nous, ma niéce,

Persée offre aujourd'hui ses vœux ?
Hélas ! le même amour nous lie !
Nous l'allons perdre toutes deux ,
Son péril nous reconcilie.

ANDROMEDE.

Vous prenez aisément votre parti ; pour moi il n'est rien que je ne fisse pour garantir Persée du péril qu'il veut affronter.

MERCPE.

Qu'eussi , queumi.

A DEUX. Air 45. *Adieu panier.*

Ah ! dût-il vous conter fleurettes ,
Je voudrois pouvoir le sauver !
Meduse va nous l'enlever,
Adieu paniers , vendanges sont faites.....

MEROPE.

Enfin Persée , paroît , hélas !

ANDROMEDE. Air 44. *Réveillez-vous belle endormie.*

Il faut que mon cœur se trahisse ,
Je vois qu'il me cherche en ces lieux.

MEROPE.

Je veux m'épargner le supplice ,
D'être témoin de vos adieux.

Il ne sera pas dit que je garderai toûjours les manteaux.

SCENE VIII.

ANDROMEDE, PERSE'E.

PERSE'E. Air 141. *Vers & chant de l'Opera de Persée.*

BElle Princesse, enfin, vous souffrez ma présence...

ANDROMEDE *sans chanter.*

Seigneur, on me l'ordonne & je suis mon devoir.

PERSE'E.

Foin de l'explication. *à part.* la Princesse
ne sçait pas la civilité.

ANDROMEDE. Air 20. *Ne m'entendez-
vous pas.*

Non ne vous flattez pas,
Je veux ne vous rien taire,
Phinée a sçû me plaire,
Vous l'ai-je dit trop bas ?
Ne m'entendez-vous pas ?

PERSE'E.

J'aurois tort de ne vous pas entendre,
car vous vous expliquez fort intelligible-
ment. Adieu, Madame, je vois bien que

je vous incommode ; je cours occire Meduſe. . . . . . .

ANDROMEDE.

Perſée , un petit mot , de grace. . . .

PERSE'E.

Non, Madame , il faut vous délivrer d'un
importun , vous ſouffrez à me voir ; vous
ne m'offrez pas ſeulement un tabouret.

ANDROMEDE *le tirant par ſon tonnelet.*
Air 14. *Or écoutez petits & grands.*

Quoi pour jamais vous me quittez ?
Perſée arrêtez , arrêtez . . . . .

PERSE'E *racommodant ſon tonnelet.*
Air 72. *L'autre jour m'allant promener.*

Vous chiffonnez mon falbala ,
Ah ! morbleu , que faites-vous là ?

ANDROMEDE. Air 44. *Réveillez-vous*
belle endormie.

Voyez l'excès de ma tendreſſe. . . . .

PERSE'E.

Que cet aveu doit m'étonner !
Qu'entens-je ? ô Dieux ! belle Princeſſe.

ANDROMEDE.

Il n'eſt plus tems de barguigner.

Hélas ! c'étoit pour vous dégoùter de
l'entrepriſe que vous formez à ma conſi-
deration

deration que je feignois de ne vous pas aimer.

PERSE'E.

En verité j'avois donné dans le panceau.

ANDROMEDE.

De grace, mon cher petit Perfinet, n'al-lez pas vous expofer aux œillades de Me-dufe.

PERSE'E.

Oh! party par mon foi, moi lui coupe-rai fon tête; avec cette carogne-là tout votre Royaume ne feroit bien-tôt qu'une Carrierre.

ANDROMEDE. *Air 14. Or écoutez petits & grands.*

Hélas! nous ne nous verrons plus . . . .

PERSE'E.

Oh! que fi.

Fin de l'Air 98. Pierrot reviendra tantôt.

Perfée reviendra tantôt,
Tantôt reviendra Pierrot.

ANDROMEDE.

Hélas! fi Medufe alloit vous pétrifier...

PERSE'E.

Mais fi je ne l'affomme pas, je cours rif-que de vous voir pétrifiée vous-même; &

Tome II. Arlequin Perfée. K

quoiqu'on aime une gorge dure, on ne la
veut pourtant pas de caillou.

Air 43. *Vous m'entendez bien.*

Je crains de perdre vos appas . . .

A N D R O M E D E.

Et moi, je crains . . . hélas! hélas!

à deux.

Dans ce péril extrème,
Eh bien!
Dieux! fauvez ce que j'aime,
Vous m'entendez-bien.

A N D R O M E D E. Air 97. *Du haut en bas.*

Quoi vous partez? *bis.*

P E R S E' E.

Oüi mon petit cœur.

Air 44. *Réveillez-vous belle endormie.*

Amufez-vous dans mon abfence
Faites des nœuds . . . .

A N D R O M E D E.

Je vous répons
Que je bannis fans tolerance
Les nœuds & même les Ponpons.

P E R S E' E.

Ohimé!

A N D R O M E D E. Air 13. *Mais fur-tout
prenez bien garde à votre Cotillon.*

Je vais refter comme un fouchon... *bis.*

PERSE'E.

Adieu, mon cher petit bouchon,

ANDROMEDE.

Adieu fidelle Canichon,

PERSE'E *se montrant lui-même.*

Souvenez-vous que Perſée eſt votre *Greluchon.*
Eſt votre Greluchon.

SCENE IX.

PERSE'E, MERCURE *ſortant
des Enfers.*

MERCURE. Air 22. *L'amour, la nuit
& le jour.*

Perſée, où courez-vous ?
Qu'allez-vous entreprendre ?

PERSE'E.

Je vais me battre en duel contre Méduſe.

MERCURE.

Hom! le petit étourdi qui va combattre Méduſe en équipage de bal, & ſans
examiner ſeulement comment il s'y pren-
dra avec un monſtre qui tuë de ſes regards ;

K ij

il n'eft pas là queftion de poufler la quatre
& la tierce, entendez-vous, Monfieur de
la tête à l'évent? Ces Héros de Théâtre-
là n'ont prefque jamais le fens commun.

PERSE'E.

Ouais; qui êtes-vous donc mon ami,
vous qui me parlez fi infolemment?

MERCURE.

Regardez-moi comme les Dames fe regardent aux promenades & au Temple;
inventoriez mon ajuftement, & vous me
connoîtrez.

PERSE'E. Air 11. *Robin turelure lure.*

Une aile à chaque talon....
Votre maligne encolure,
Me déclare votre nom,

MERCURE.
Turelure.

PERSE'E.
Vous êtes le Dieu Mercure?

MERCURE.
Robin turelure lure.

Oüi, c'eft moi-même; écoutez : bon
fang ne peut mentir, Jupiter votre papa
mignon, charmé de votre étourderie, m'en-
voye pour vous équiper convenablement
au voyage perilleux que vous entreprenez.

PERSE'E.

Cela eft bien honnête à Jupiter ; il eft donc bien vrai que je fuis fon fils ?

MERCURE.

Après mon témoignage vous n'en devez plus douter. Jupiter n'a pas fait un enfant de contrebande, qui ne doive à mes foins & à mon adreffe le bonheur d'être entré en fraude dans le monde.

PERSE'E.

Je vous remercie de vos attentions pour ma cotte-part.

MERCURE.

O ça, mettons la main à la pâte ; il faut bien des cérémonies pour tuer Médufe.

PERSE'E.

Pourquoi tant de cérémonies ? il n'y a qu'à l'affommer fans façon.

MERCURE.

Oh ! que vous n'y êtes pas ; je vais remuer Ciel & Terre, & même mettre les Enfers en dépenfe pour vous habiller d'un goût affortiffant à la vifite que vous allez faire à Médufe : Allons Monfieur Perfée, mettez vous à votre Toilette.

PERSÉE.

Qu'on m'apporte donc un fauteüil.

MERCURE.

Comment, un fauteüil ? on n'en donne pas aux Heros de l'Opera, ils s'habillent debout comme des Clercs.

SCENE X.

PERSÉE', MERCURE,

Quatre CICLOPES, *deux dansans, & deux chantans.*

MERCURE *siffle, & ensuite appelle.*

EH ! quelqu'un, * tenez, voilà d'abord des Ciclopes qui vous apportent une épée qui sort de la boutique du Fourbisseur des Dieux, & des Talonieres aîlées qui viennent de la bonne faiseuse ; c'est elle qui m'emplume.

Pendant que les deux Ciclopes chantans, attachent les aîles, & lui ceignent l'épée, les deux autres dansent.

* Les Ciclopes paroissent à l'entrée de la Coulisse.

SCENE XI.

PERSE'E, MERCURE, les quatre **CICLOPES**, quatre **NYMPHES** *Guerrieres danſantes de la ſuite de Pallas.*

MERCURE.

HOla, Mademoiſelle Joli-cœur, Mademoiſelle ſans quartier, Mademoiſelle Corps-de-fer....

PERSEE'.

Quelles Princeſſes appellez-vous donc là, s'il vous plaît ? Je n'ai pas beſoin de cela dans mon voyage.

MERCURE.

Eh ! paix, ce ſont des Nimphes guerrieres de la ſuite de Pallas qui vont apporter un bouclier de leur Maîtreſſe, les voilà. *

* Les quatre Nymphes guerrieres entrent en danſant, & préſentent à Perſée le bouclier de diamans de la ſage Pallas ; enſuite elles ſe rangent avec les Ciclopes des deux côtés du Théâtre, comme les Chœurs de l'Opera.

PERSE'E, *après qu'elles ont danſé.*

Je ſuis aſſez content de ces femmes-de-

chambre là ; montrez-moi , je vous prie ,
qui des quatre eſt Mademoiſelle Corps-de-
fer.

SCENE XII.

PERSE'E, MERCURE, les qua-
tre CICLOPES, les quatre NYM-
PHES *guerrieres* , quatre DIEUX
Infernaux , deux danſans & deux chantans.

MERCURE.

Tay, tay, tay, Aſtarot, Belzebut. *

PERSE'E.

Comment ventrebleu! les Diables viennent auſſi à ma Toilette!

MERCURE.

Ils vous apportent le Caſque de Pluton.

PERSE'E.

C'eſt un bonnet de nuit apparemment,
car Pluton en a plus beſoin que de Caſque.

MERCURE.

Au moins ce Caſque a une grande vertu,
il rend inviſible celui qui le porte.

* Les Démons paroiſſent portant le Caſque de
Pluton.

PERSE'E

PERSE'E.

Pefte ! voilà un bon meuble : foyez les bien-venus, Meffieurs les Diables, je vous donnerai dequoi vous rafraîchir.

Après que les Divinités infernales ont donné en danfant le Cafque de Pluton à Perfée, on forme le Ballet général des Cyclopes, Nymphes guerrieres & Dieux des Enfers, qui enfuite fe remettent aux deux côtés du Théâtre.

PERSE'E.

Dites-moi un peu, Seigneur Mercure, eft-il du cérémonial de danfer quand on habille un Héros ?

MERCURE.

Affurément : on voit danfer fouvent plus mal à propos dans un certain pays où les habitans ne parlent qu'en mufique ; & fi la cérémonie que nous venons de faire s'y étoit paffée, vous n'en auriez pas été quittes pour des rigaudons : on vous auroit coufu à chaque piece de votre ajuftement quelque belle maxime fur l'importance du fecret dans les grands deffeins ; fur l'avantage qu'il y a d'allier la valeur & la prudence ; mais comme vous avez quelque chofe à faire de plus preffé que d'entendre ces belles Sentences, je vous les montre-

Tome II. Arlequin Perfée. L

rai à votre retour fur les écrans du Palais
de Cephée.

Air 90. Allons gay.

Que rien ne vous arrête,
Allons, partez enfin,
Allez couper la tête
Au cheveu ferpentin.

Allons gai,
D'un air gai,
Toujours gai,
Ta la la, &c.

Chœur,

Allons couper la tête
Au cheveu ferpentin,
Allons gai, &c....

MERCURE, même Air.

Votre voiture eft prête,
Mettez-vous en chemin....

PERSE'E.

Où diantre eft la voiture, & où eft le
chemin ?

MERCURE.

Votre voiture eft à vos talons : ce font
des ailes comme les miennes.

PERSE'E.

Eh ! Mais ces ailes ne font propres tout
au plus que pour une hirondelle : il me faut

ſ droit à moi autant de plumes qu'à un Ele-
phant pour pouvoir voler en sûreté de
côtes.

MERCURE.

Allons, morbleu, ſuivez-moi : le Ciel,
la Terre & les Enfers ſe ſont cotiſés pour
les frais de votre équipage, & vous ne par-
tirez pas ?

CHOEUR. Air 90. *Allons gai.*

Que rien ne nous arrête,

Partons, partons enfin.

Allons couper la tête

Au cheveu ſerpentin,

Allons gai, &c.

Pendant que le Chœur chante, Mercure & Per-
ſée s'envolent.

꧁꧂꧁꧂꧁꧂ ꧁꧂꧁꧂꧁꧂

ACTE II.

SCENE PREMIERE.

Le Théâtre change, & represente la Caverne des trois Gorgones. L'Orquestre jouë pour Ritournelle l'Air 6. Tout cela m'est indifferent, à notes précipitées, & à mesure coupée.

Les trois GORGONES *se promenent avec des transports de fureur.*

MEDUSE, *sur l'Air 6. Tout cela m'est indifferent.*

P Allas, la barbare Pallas
Fut jalouse de mes appas :
Qui croiroit que j'étois fort belle ;
Et que j'avois en longs anneaux,
Une frisure naturelle,
Au lieu de tous ces serpenteaux ?

Les Gorgones se promenent encore, & l'Orquestre jouë, Flon, flon, *dans son mouvement ordinaire.*

Les trois G O R G O N E S , Air 33. *Flon, flon.*

> Faites comme nous fommes,
> Qui pourrions-nous tenter ?
> Hélas ! il n'eft point d'hommes,
> Qui viennent nous chanter,
>   Flon , flon ,
>   Larira dondaine ,
>   Flon , flon ,
>   Larira dondé.

SCENE II.

Les GORGONES , MERCURE.

On entend le prélude de l'Opera racourci.

LES GORGONES. Air 99. *Ma mere étoit bien obligeante.*

MA fœur , qui peut nous faire entendre
Le doux bruit qui vient nous flatter ?

MEDUSE.

C'eft Mercure qui vient dans cet Antre écarté,
à Mercure.
Mon terrible fecours vous eft-il néceffaire ?

MERCURE.

Jouiffez du repos dans ce lieu folitaire.

Croyez-moi, Mefdames. faites un bon
fomme, cela vous rafraîchira le tein. *à part.*
Donnons-leur un petit Air de flûte pour
les endormir. * Ce prélude là eft bon ;
mais je crois que je les endormirois mieux
avec de la Mufique nouvelle. . . . Rappel-
lons quelque Sarabande d'un Opera mo-
derne. . . . . Foin ! on ne peut rien retenir de
ces Opera-là. . . . . Tous leurs airs échap-
pent comme des Anguilles. . . . . Ah ! ah !
chantons-leur un fommeil du Pont-neuf.

Il chante. Air. 96. *Dormez Roulette.*

> Dormez Roulette,
> Et prenez votre repos :
> Demain à la réveillette,
> Nous vous en dirons deux mots.

Les trois G O R G O N E S. Air 51. *Oh-ho !*
Toureloutibo.

Non, nos cœurs font faits pour la colere,
      Oh, ho !
      Tourelouribo.
Le repos ne nous peut plaire,
      Oh, ho !
      Tourelouribo.

  * On joue trois ou quatre mefures du prélude
de Perfée.

Et nous voulons toujours braire.
> Oh ho ! ho !
> Tourelouribo.

MERCURE.

Je vois bien qu'il en faut revenir à mon caducée. Si je m'en étois avisé d'abord, j'aurois épargné bien des coups d'archet & des triots.

Air 14. *Or écoutez petits & grands.*

> Mes Dames, couchez-vous *presto*,
> Et faites toutes trois *dodo*,
> Il faut ceder, il faut se rendre
> Au charme qui va vous surprendre.

LES GORGONES *très-lentement.*

> Il faut nous rendre malgré nous
> Aux charmes d'un sommeil trop doux... *

Elles se couchent toutes trois sur des Rochers.

SCENE III.

Les GORGONES *endormies*, MERCURE, PERSE'E.

MERCURE. Air 17. *On n'aime point dans nos Forêts.*

Venez, Persée, holà venez,
Venez, Meduse est endormie ;

L iiij

Avancez fans bruit, furprenez
Une fi terrible ennemie ;
Gardez-vous de la reveiller,

    P E R S E E' *dans la Coul'ffe.*

Mais je ne l'entends point ronfler.

     M E R C U R E.

C'eft qu'elle a le fommeil poli. Allons
courageux Perfée, ne balancez plus.

    Air 44. *Réveillez-vous belle endormie.*

     Venez vite affommer la béte....

    P E R S E' E *dans la Couliffe.*

Mais où pourrai-je m'en aller,
Si quand j'aurai coupé fa téte,
Elle vient à fe réveiller ?

M E R C U R E *va le chercher dans la Couliffe.*

    Air 100. *Ah ! c'eft un certain je*
      ne fçai qu'eft-ce,

Allons, diffipez votre effroi,
Mon cher, point de foibleffe,
Faites briller votre proueffe...

     P E R S E' E.

S'il faut parler de bonne foi,
Je fens un certain je ne fçai qu'eft-ce,
Je fens un certain je ne fçai quoi.

SCENE IV.

Les **GORGONES** *endormies ,*
PERSE'E.

PERSE'E.

VOilà de jolies Princeſſes à ſurprendre au lit .... Morbleu, ſi j'allois
être pétrifié? ... Il me ſemble que je dur-
cis.... je n'ai pourtant point regardé Méduſe. Cherchons ſa tête .... ah ! je la
tiens , & je l'ai coupée net comme un
navet.

Des Monſtres naiſſent du ſang de Meduſe ;
Perſée ſerre la tête dans un ſac de cam-
pagne.

Les **GORGONES**. Air 20. *Ne m'enten-*
dez-vous pas.

> Ah ! traître, tu mourras
> Et d'un trepas horrible....
> Mais il eſt inviſible,
> Jouons-nous donc , hélas !
> A cache-Mitoulas !

Perseé se défend du mieux qu'il peut con-
tre les Monstres, & feint de jouer à Colin-
Maillard.

PERSE'E *chante.* Air 101.

T'as le pied dans le Margoüillis,
Tire-t'en, tire-t'en, tire-t'en Piare;
T'as le pied dans le Margoüillis,
Tire-t'en Piare si tu puis.

Les deux GORGONES, Air 18. O re-guingué.

Vilains crapaux, tristes coucous,
Vengeons Méduse, vengeons-nous.
O reguingué, ô lon lanla.
Monstres, cherchez votre victime,
Vangez le sang qui vous anime.

SCENE V.

Les GORGONES, PERSE'E, MERCURE.

PERSE'E.

IL faut que j'appelle Mercure; je ne pourrai jamais sans lui me défaire de ces deux gueulardes-là. Ohé, ohé, Maître Mercure.

MERCURE *dans la Coulisse.*

Est-ce fait, minon minette?

PERSE'E.

Oui, Méduse est morte ; mais elle a deux heritieres qui me font enrager.

MERCURE.

Persée, allez, volez où l'Amour vous appelle, & vous Gorgones, allez au Diable.

Les GORGONES *descendant très-lentement dans une Trape. Fin de l'Air 34. Mon Pere je viens devant vous. Chant des deux derniers Vers.*

Des gouffres profonds font ouverts,
Ah! nous tombons dans les Enfers.

MERCURE.

Je n'ai jamais vû tomber si lentement.

Mercure & Persée s'envolent ensemble de la droite à la gauche du Théâtre.

ACTE III.

SCENE PREMIERE.

Le Theatre change & repréſente le Rivage de la Mer. L'Orqueſtre joüe le Vaudeville entier, la Troupe Italienne, faridondaine.

PHINE'E, MEROPE, *Troupe de Poiſſonnieres & de Pêcheurs.*

Un PESCHEUR *ſeul à la cantonade.*
Air 102. *La Troupe Italienne.*

N'Attendons pas qu'il vienne,
Le vainqueur de Meduſe, oh! qu'on
l'admirera!
La Cour Etiopienne,
Faridondaine
Chantera.
La Cour Etiopienne
Faridondaine
Danſera.
Les Poiſſonnieres & Matelots ſe tenant deux à

deux par deſſous les bras traverſent le Theatre
en danſant & chantant à la façon du peuple.

CHOEUR.

La Cour Etiopienne,
Faridondaine
       Chantera.
La Cour Etiopienne,
Faridondaine
       Danſera.

MEROPE *entre ſur le Theatre, même Air.*
    Quelle rage eſt la mienne !
Perſée eſt revenu, mais un autre l'aura !

CHOEUR *paſſant de même.*
    La Cour Etiopienne, &c.....

PHINE'E *entre ſur le Theatre, même Air.*
    Quelle maudite antienne !
Quoi toûjours dans ces lieux, Perſée on vantera !

CHOEUR *paſſant de même pour la derniere*
       fois.
    La Cour Etiopienne, &c.....

SCENE II.

PHINE'E ET MEROPE.

'A deux. Air 59. *M. la Paliſſe eſt mort.*

Nous ſentons mêmes douleurs
Fuyons la foule importune ;
Pleurons nos communs malheurs
Et faiſons bourſe commune.

PHINE'E.

Il y a bien du commun dans nos diſcours.

Air 130. *Ah ! qu'il y va gayment.*
J'ai vû tout le peuple allant
Ah ! qu'il y va gayment !
Et mon rival devançant
Tout le long de ce rivage,
Ah ! qu'il y va, dont j'enrage,
Ah ! qu'il y va gayment.

La Mer ſe ſouleve ; on joüe quelques meſures de la tempête de Perſée.

MEROPE.

Ah ! quel tintamare ; la Mer mugit ; c'eſt une tempête.

PHINE'E.

Oh ! quelle ondée !

Air 31. *Gardons nos moutons Lirette , Liron.*

Nous voilà bien fur le pavé
Pendant qu'il pleut à verfe !

MEROPE.

Notre couroux fera lavé ,
Déja l'eau me traverfe.

A deux.

Gagnons la maifon
Lirette liron.
Gagnons la maifon
Lirette.

SCENE III.

MEROPE, PHINE'E, *Troupe de* POISSONIERES & *de* PESCHEURS.

COEUR. Air 35. *Le fameux Diogene.*

O fort inexorable !
O malheur déplorable !
Hélas ! hélas ! hélas !

Phine'e Air 24. *De quoi vous plaignez-vous.*

De quoi vous plaignez-vous ?
Mes Dames les Poiſſonnieres ,
De quoi vous plaignez-vous ?
De grace inſtruiſez-nous.

Une POISSONNIERE. Air 104. *Pauvre Hermite veux-tu m'en croire.*

Pauvre Prince , veux-tu m'en croire ,
N'apprens rien ,
N'écoute rien ,
Ne t'éclaircis de rien.
Si d'un malheur nouveau nous te faiſions l'hiſtoire ;
Tu ne t'en trouverois pas bien.

MEROPE *à Phinée.*

Hom , il y a quelque petite anicroche au bonheur de Perſée ; queſtionnez encore cette bonne femme.

PHINE'E *à la Poiſſonniere.*

Parlez ma mie , parlez, je vous l'ordonne.

La POISSONNIERE. Air 66. *Il faut que je file , file.*

Il faut que l'on pleure , pleure ,
Tout autant qu'à l'Opéra ,
Car dans un petit quart-d'heure ,
Andromede expirera :
Junon prétend qu'elle meure ,

Un

Un Monftre la croquera.
Il faut que l'on pleure, pleure,
Tout autant qu'à l'Opéra.

MEROPE.

Quoi ! Andromede......

LA POISSONNIERE.

Oüi Andromede doit être dévorée par
un Monftre qui va fortir de la Mer ; les Tritons qui fervent d'Archers dans cette expé-
dition, fe font déja emparés de la Princeffe.

PHINE'E *gayement.* Air 63. *Ta la leri,
ta la leri, ta la lerire.*

Ma joye avec peine fe cache.

MEROPE.

Quoi vous riez de fon danger !

PHINE'E.

Eft-ce à moi que la mort l'arrache ?
C'eft à Perfée à s'affliger.
Quant à moi je ne dois qu'en rire,
Ta la leri, ta la leri, ta la lerire.

MEROPE.

Phinée a un bon petit cœur !

PHINE'E. Air 19. *Quand on a prononcé
ce malheureux oüi, oüi.*

L'amour meurt dans mon cœur, la rage lui fuccede,
J'aime mieux voir gruger la perfide Andromede
Tome II. Arlequin Perfée. M

Par les crocs bien aigus des dents d'un Monſtre
    affreux,
Que la voir dans les bras de mon rival heureux.

MEROPE.

Voilà ce qui s'appelle des ſentimens déli-
cats !

PHINE'E *recite.*

Attendons que ſon ſort finiſſe,
Obſervons tout d'un lieu écarté.

MEROPE *recite.*

Vous voulez d'Andromede aſſiſter au ſuplice ?
La noble curioſité !

SCENE IV.

CASSIOPE, ANDROMEDE, TRI-TONS, POISSONNIERES & PESCHEURS.

CASSIOPE. Air 44. *Réveillez-vous belle endormie.*

AH ! quelle effroyable injuſtice !
Dieux ! ô Dieux ! quelle cruauté !

Les Tritons attachent Andromede au Rocher.

UN TRITON *pendant qu'on la lie, dit aux autres.* Air 105. *Mir la ba bi bo bette.*

I ions la beauté que voilà,
Mir la ba bi bo bette
Lions-là ;
Serrez Tritons la cordelette,
Mir la ba bi, ser la ba bo,
Ser la ba bi bo bette.
Ser la ba bi bo bette,
Serre-la.

CASSIOPE. Air 142. *De Persée. Acte IV. Scene V.*

Cruels n'attachez pas ma fille à ce Rocher,
C'est moi qu'il y faut attacher.

ANDROMEDE *attachée au Rocher.* Air 106. *Le Bilboquet.*

Ah ! Maman je me meurs d'envie
De p ouvoir appaifer pour vous
Le Céleste couroux ;
Mais en quittant la vie
Je perds à mon âge, quel fort !
Un Epoux aimable ;
Et voilà le Diable
Qui trouble ma mort.

M ij

CHOEUR *des Tritons.* Air 44. *Réveillez-*
vous belle endormie.

Tremblez, tremblez superbe Reine,
Tremblez Mortels audacieux !

CASSIOPE.

Ah quelle vengeance inhumaine !
Andromede ma fille . . . . .

ANDROMEDE.

O Cieux !

CHOEUR *des Tritons.* Même Air.

Qu'aujourd'hui votre orgüeil apprenne
A craindre le couroux des Dieux . . . .

CASSIOPE.

A faire ressentir leur haine,
Qu'ils sont hélas, ingénieux !

LE TRITON.

Assurément, les Dieux mettent du singu-
lier dans les plaisirs de leur vengeance : c'est
vous qui les avez insultés, & ils punissent
votre fille ; vous avez lâché des imperti-
nences, & Andromede en porte la folle
enchere.

CASSIOPE. Air 107. *Hélas la pauvre*
fille.

Hélas la pauvre fille !
Elle a le mal de tout.

CHOEUR *des Poiffonnieres.*
Hélas la pauvre fille !
Elle a le mal de tout.

CASSIOPE.
Quand fa Mere babille
On frappe fur fon cou
Le coup.
Hélas la pauvre fille !
Elle a le mal de tout.

CHOEUR *des Poiffonnieres.*
Hélas la pauvre fille !
Elle a le mal de tout.

On voit de loin approcher le Monftre dans la Mer.

CASSIOPE. Air 34. *Mon Pere je viens devant vous.*
Le Monftre approche de ces lieux ,
Ah quelle vengeance inhumaine !

ANDROMEDE.
Je ne vois point Perfée, ô Dieux !
Et je me flatois dans ma peine ,
Qu'un fi fidele & tendre amant
Iroit à mon enterrement.

On voit Perfée voler en l'air qui vient au fecours de la Princeffe.

CHOEUR.
Ah le voilà ! le voilà, le voilà, le voilà.

SCENE V.

ANDROMEDE *attachée*, CASSIOPE, TRITONS, POISSONNIERES,

P E R S E' E *en l'air, une Ligne à la main, vient pour pêcher le Monstre ; à son second vol il a un Filet au bout d'une Perche, & au troisiéme une Broche qu'il passe à travers la gueule du Monstre ; pendant les trois vols de Persée, le Chœur répete autant qu'il est nécessaire le couplet suivant.*

CHOEUR, Air 32. Des Fraises.

Depéchez-vous, abbatez
Et le Monstre & sa rage ;
Ne craignez rien, combattez ;
Pour sauver tant de beautés,
Courage, courage, courage.

Le Monstre est à la fin embroché par Persée, le Chœur bat des mains & chante.

CHOEUR de Poissonnieres. Air 108. *Elle est morte la Vache à Panier.*

Elle est morte la Vache à Panier,
Elle est morte, n'en faut plus parler.

LA POISSONNIERE.

Ne faut plus trembler,
Ne faut plus pleurer,
Mais il faut chanter,
Il faut danfer,
Il faut trinquer.

CHOEUR. *

Elle eft morte la Vache à Panier,
Elle eft morte, n'en faut plus parler.

PERSE'E *achevant de la délier.*

Ces chiens de Tritons n'avoient pas épargné la ficelle en vous attachant à ce Rocher.

ANDROMEDE *lui faifant la réverence.*

Monfieur Perfée, en verité, je vous ai bien de l'obligation...

PERSE'E.

Tréve de complimens, allons vîte nous marier; les Monftres nous en veulent diablement, il en pourroit venir un troifiéme qui retarderoit notre Nôce.

ANDROMEDE.

Ah mon cher petit Perfinet, on vous a bien donné de l'ouvrage à expédier en un jour!

* Pendant le Chœur, Perfée délie Andromede.

A R L E Q U I N
PERSE'E.

Je ne fuis peut-être pas encore au bout ;
allons. *

CHOEUR des Tritons *defcendans fous les*
Ondes en fe retirant. Air 30. *J'ai fait*
à ma Maîtreffe.

Defcendons fous les Ondes,
Nous voilà bien honteux.....

CHOEUR de Poiffonnieres *qui les interrom-*
pent en leur faifant les cornes. Air 109.
Ah voyez donc, que ces manans font droles !

Ah voyez donc,
Avec leurs barbes bleues !
Ah voyez donc,
Les jolis Efturgeons !
LA POISSONNIERE.

Les voilà partis avec un pied de nez :
allons maintenant goûter le Vin de la Nôce
de Perfée.

Les Poiffonnieres fe retirent en danfant &
chantant.

CHOEUR. Air 108. *Elle eft morte la Vache*
à Panier.

Elle eft morte la Vache à Panier,
Elle eft morte, n'en faut plus parler.
* Perfée emmene Caffiope & fa Fille, & les
prend fous les bras.

SCENE

SCENE VI.

Le Théâtre change, & repreſente le Palais de Céphée.

MEROPE, PHINE'E.

MEROPE. Air 22. *L'Amour, la nuit & le jour.*

O Mort, venez finir
Mon deſtin déplorable.

PHINE'E.

Eh! mort de ma vie, il eſt bien queſtion de vous amuſer à des lamentations, pendant qu'on nous enleve à tous les deux l'objet de nos amours ; vengeons-nous ma chere belle-ſœur, vengeons-nous : Junon m'a offert ſon appui , & moi j'ai une douzaine de Bretteurs que je prétens mener danſer à la Nôce d'Andromede...

MEROPE.

Mais il me ſemble que tantôt vous abandonniez aſſez tranquillement votre Maîtreſſe.

Tome II. Arlequin Perſée. N

P H I N E' E.

Oüi, je la cédois au Monſtre, mais non
pas à mon rival.

M E R O P E.

La diſtinction eſt digne de Phinée ; allons, je conſens à tout.

A D E U X. Air 4. *Voici les Dragons qui*
viennent.

Livrons-nous à la colere,

Courons, vangeons-nous :

Battons la Fille & le Pere,

L'Oncle, la Tante & la Mere,

Le Chat itou ....*bis.*

M E R O P E.

Ils viennent, dépêchez-vous, allez chercher vos Bretteurs, & moi je vais les examiner ſans faire ſemblant de rien.

S C E N E V I I.

P E R S E' E A N D R O M E D E,
M E R O P E, P O I S S O N N I E R E S,
Suite de Perſée, **C A S S I O P E.**

A N D R O M E D E.

NOus allons dans le Temple de l'Hymen, le Sacrificateur ſe prépare à

t nous unir, & cependant je crains toujours
quelque nouvelle opposition à notre mariage.

CASSIOPE. Air 110. *Des sept Sauts.*

Enfin cher Perſée, après tous nos aſſauts, .. *bis.*
   Nous allons faire bien haut
    Un ſaut. *

ANDROMEDE à *Perſée. Même* Air.

Tous vos ennemis ſont à preſent penauds. .. *bis.*
   Mon poulet faiſons bien haut
    Un ſaut, deux ſauts.

PERSE'E à *Andromede. Même* Air.

Que l'Hymen enfin termine nos travaux, .. *bis.*
   Marions-nous, faiſons tôt,
Un ſaut, deux ſauts, trois ſauts, quatre ſauts,
  Cinq ſauts, ſix ſauts, ſept ſauts.
Ouf, je n'en puis plus.

MEROPE. Air 92. *L'autre jour ma Cloris.*

   Perſéee il n'eſt plus tems
   De garder le ſilence,
   L'amour, malgré mes dents
   Vient trahir ma vengeance :
   Mon brunet, mes amours,
   On en veut à vos jours.

ANDROMEDE.

Ah! c'eſt le lâche de Phinée.
 * Elle ſaute une fois.

       N ij

PERSE'E. Air 37. *Aux Armes Camarades.*

> Aux Armes, Camarades,
> L'ennemi n'eft pas loin,
> Allons mes coufins....

Raſſemblez-vous auprès de moi, & en-tourrez-moi bien, le Général doit être au centre de l'Armée.

CHOEUR *du parti de Phinée derriere le Théâtre. Fin de l'Air 38. Nanon dormoit.*

Allons, allons, allons frotter Perfée, allons.

CHOEUR *du parti de Perfée fur le Théâtre. Même Air.*

Allons, allons, allons roſſer Phinée, allons.

SCENE VIII. & DERNIERE.

CASSIOPE, MEROPE, ANDROMEDE, PERSE'E. PHINE'E.

Suite de Phinée, armée d'Epées & de Halle-bardes. Suite de Perfée armée de même. Les Poiſſonnieres s'en mêlent avec des Pelles, des Pincettes, & autres armes comiques.

CHOEUR *des Combattans. Air 2. Y avance.*

> Cedez, cedez à notre effort,
> Vous n'éviterez point la mort,
> Coquins, faites donc réfiſtance;

Y avance, y avance, y avance
Avec ton habit d'Ordonnance.

PHINE'E. Air 42. *Tu croyois en aimant*
Colette.

Qu'il n'échappe pas, qu'il périsse
Cet étranger audacieux.

PERSE'E *à ceux de son parti.*

Je vais punir leur injustice,
Vous mes amis, clignez les yeux.

Persée présente la tête de Meduse aux com-
battans du parti de Phinée. La suite de Persée
commence par se fermer les yeux en differentes
postures, & ses ennemis demeurent pétrifiés en
differentes attitudes. Merope même qui n'a pû
s'empêcher de regarder Persée jusqu'au dernier
moment, est enveloppée dans le malheur de Phinée.

PERSE'E.

Demi tour à gauche, mes Dames, voyez
le plus grand de mes exploits.

ANDROMEDE.

Ah! les voilà tous pétrifiés, & ma Tante
aussi, qui n'aura pû s'empêcher de vous regarder pour veiller sur votre vie.

PERSE'E.

Bon, bon, ce sont là des Statues pour
meubler nos Jardins.

N iij

CASSIOPE. Air III. *Charivari.*

Achevons le mariage,
Mes chers enfans ;
A votre Nôce je gage,
Ces garnemens,
Ne viendroit plus faire aujourd'hui
Charivari.

PERSE'E *au Parterre.*

Messieurs, si notre Parodie vous déplaît,
souvenez-vous que vous avez vû la tête
de Méduse ; vous ne devez pas souffler ;
mais si nous avons eu le bonheur de ne vous
pas ennuyer, montrez que vous n'êtes pas
de Pierre de Taille, & que vous avez encore l'usage de vos mains.

F I N.

LE
SERDEAU
DES
THÉATRES.

COMEDIE.

Représentée pour la premiere fois, par les
Comédiens Italiens ordinaires du Roi,
le Samedi 19. Février 1723.

N iiij

✿✿✿✿✿✿✿✿ ✿:✕:✿✿✿✿✿✿✿✿

AVERTISSEMENT.

De la premiere Edition de cette Piéce.

ON n'a imprimé le *Serdeau des
Theatres* que pour contenter
mille perfonnes de la premiere diftinction qui en demandent des co-
pies. On eft perfuadé que les bagatel-
les dramatiques, quoiqu'heureufes,
ne méritent pas d'occuper les Impri-
meurs. Tous nos Modernes ne pen-
fent pas de même, & les preuves de
leur vanité exiftent chez plus d'un
Libraire mécontent de ce dépôt.

Outre les périls de l'impreffion, le
Serdeau des Theatres eft encore me-
nacé du danger de paroître inintelli-
gible. Ce fortuné badinage a plus befoin de Commentaire que bien des
Ouvrages de l'antiquité. Il fera prefque par tout Enigme pour ceux qui
ne fe fouviendront pas des Piéces
parodiées. Il faut pour juger de la

AVERTISSEMENT.

juſteſſe d'une Critique, avoir en main l'Auteur critiqué , & *Arlequin au Banquet dès ſept Sages* , & *Baſile & Quitterie* ne ſont pas encore ſous la preſſe. Quant à *Pirithoüs*, on a une certaine habitude de ne guéres lire lés Vers des Opera nouveaux , fondée ſur des maximes & des expériences dont je ne crois pas qu'il déſabuſe le Public,

Au reſte , on ne ſe figure pas être obligé de démontrer amplement que la critique des Piéces attaquées dans cette Parodie, ne ſuppoſe pas qu'elles ſoient ſans agrémens & ſans réputation. On avoüe que ces Comedies ont bien des parties du mérite Théatral. Le *Serdeau des Theatres* confirme cet aveu : Si les Piéces critiquées étoient tombées bruſquement, leur Parodie auroit eu le même ſort ; il y a même des Obſervateurs qui prétendent avoir remarqué que les Parodies, bien loin d'affoiblir les repréſentations des Piéces parodiées, en augmentent

AVERTISSEMENT.

le nombre, & y attirent tous les Juges intégres qui ne veulent décider qu'après avoir bien entendu les deux Avocats. On a pourtant fait des mouvemens pour interdire aux Theatres Comiques l'ancien Privilege d'analiſer gayement les Ouvrages dramatiques ſerieux. Quelques Auteurs *Parodiables*, ſans ſe ſouvenir que *Quinaut & Racine* même ſe ſont vûs parodier, ont voulu ſe ſouſtraire à l'empire de la critique : leurs requêtes n'ont point été écoutées ; car ils les ont adreſſées à des génies ſuperieurs qui n'en écoutent que de raiſonnables, & Momus eſt reſté en poſſeſſion de corriger, ou plûtôt de reprendre Thalie & Melpomene.

ACTEURS.

APOLLON.

TERPSICORE, Muse de la danse.

UN SIFFLEUR.

BASILE, en Chevalier errant.

ARLEQUIN.

PIRITHOUS.

HIPPODAMIE.

EURITE, en vrai Centaure.

L'ECUYER au grand nés.

HERMILIS.

LES SAGES.

TRITONS.

UN HABITANT du Parnasse.

BERGERS & BERGERES.

La Scene est sur le Mont-Parnasse.

LE SERDEAU
DES THEATRES.
COMEDIE.

Le Theatre repréſente la Feüillée des Nôces de Gamache, de la Comédie Françoiſe.

SCENE PREMIERE.
APOLLON, TERPSICORE.

TERPSICORE.

QUEL eſt votre deſſein, Seigneur Apollon ? quelle fête préparez-vous aujourd'hui ſur les bords du Permeſſe ? ces guirlandes nouvelles qui enchaînent vos lauriers préſagent du gay & du réjoüiſſant.

APOLLON.

Ce préſage-là n'eſt pas trop ſeur, aimable Terpſicore, & votre pénétration pourroit bien en être la dupe.

TERPSICORE.

Et mais, écoutez, ſi la Muſe de la danſe ne ſe mêle pas du divertiſſement que vous paroiſſez entreprendre, il eſt très-poſſible qu'il échoüe. Terpſicore ſoutient à préſent les ſpectacles, mieux que Thalie & Melpomene.

APOLLON.

A ce que je vois, Mademoiſelle Terpſicore, vous ne reſpectez pas infiniment vos ſœurs, & vous abuſez du beſoin qu'elles ont de votre ſecours.

TERPSICORE.

Ma foi, j'ai grande envie de ne me plus meſler de leurs affaires. Il arrive par fois qu'en m'efforçant de les rendre enjoüées, elles me rendent ennuieuſe, moi.

APOLLON.

O ça, venons au fait ; vous connoiſſez les Nôces de Gamache, de la Comédie Françoiſe.

TERPSICORE baaillant.

Oüi, je les connois de réputation.

APOLLON.

Vous vous êtes trouvée au banquet des sept Sages de la Comédie Italienne ?

TERPSICORE.

Non certainement.

APOLLON.

Vous avez du moins assisté au festin des Lapites & des Centaures ?

TERPSICORE.

Je n'ai pas eu l'honneur de voir Monsieur Pirithoüs ; je sçai seulement que bien des gens prennent la liberté de censurer sa conduite & sa conversation, & qu'il leur répond à tous du ton du Maître à danser du Bourgeois Gentil-homme, * la musique & la danse, la danse & la musique , c'est-là tout ce qu'il faut.

APOLLON.

Vous conviendrez que voilà trois méchans repas qu'on a fait essuier à la bonne ville de Paris.

TERPSICORE.

On n'a pas dessein qu'elle fasse la débauche.

* En dansant les bras étendus.

APOLLON.

J'ai pourtant réfolu de réunir ces trois méchans repas , & de n'en faire qu'un feul.

TERPSICORE.

Vous avez donc projetté de faire créver le Public ?

APOLLON.

Permettez-moi de m'expliquer ; * mais qui diable eft ce vifage-là !

TERPSICORE.

Il n'a pas la phyfionomie fimpatifante avec le Parnaffe.

Appercevant le Siffleur.

SCENE II.

APOLLLON, TERPSICORE, UN SIFFLEUR.

APOLLON au Siffleur.

MOn ami , ne feriez-vous point , par hazard , de ces Auteurs anonimes ? là , de ces Poëtes prudens qui fe cachent en montrant des Ouvrages que fouvent ils feroient bien de cacher aufli ?

LE

LE SIFFLEUR.

Non, docte Apollon, je ne fuis pas un de vos enfans, je fuis un de leurs Précepteurs.

APOLLON.

Vous, Précepteur des enfans d'Apollon ! qui vous a donné cet emploi ? où font vos titres ?

LE SIFFLEUR *tirant de fa poche un grand Sifflet.*

Les voilà.

TERPSICORE.

Comment, c'eft un Siffleur ! il a l'audace de paroître en armes jufques fur les bords du Permeffe ! écoutez, téméraire, vous n'êtes pas trop en fûreté dans un pays qui n'eft peuplé que de Poëtes.

LE SIFFLEUR.

Oh ! ils font bonnes gens.

APOLLON *à Terpficore.*

Voilà un effronté maroufle.

TERPSICORE *à Apollon.*

Je le crois d'humeur à vous fiffler vous-même, fi vous le fâchez.

APOLLON.

Il faut que je le mette dans fon élement. * Nous direz-vous comment vont les Theatres fur les bords de la Seine ?

LE SIFFLEUR.

Ma foi, les Theatres ont été pendant cet hyver plus glacés que la Riviere ; on n'y pouvoit pas tenir : dès qu'une piéce paroiſſoit, zeſte, elle étoit par terre. Le Theatre Italien, fur tout, étoit une franche gliſſoire.

TERPSICORE.

Vous vous êtes donc bien réjoüi ?

LE SIFFLEUR.

On ne peut pas mieux : nous autres Siffleurs nous reſſemblons aux Chirurgiens, nous ne demandons que playes & boſſes.

APOLLON.

Mais il me ſemble qu'il eſt à préſent défendu de ſiffler aux ſpectacles : comment éludez-vous une ſi ſage Ordonnance ?

LE SIFFLEUR.

Par un ſecret tout naturel ; preſque tous les Ouvrages dramatiques modernes ſont froids & très-froids ; la pituite y domine : cette pituite tombe ſur le cerveau du Parterre juſtement dans le tems où il ſeroit néceſſaire de ſiffler ; alors le Parterre crache,

* Au Siffleur.

touſſe & ſe mouche en chœur, & cette har-
monie naſone lui tient lieu de l'inſtrument
ſupprimé.

TERPSICORE.

J'entends. Le Parterre s'enrhume, à coup
ſûr, aux piéces qui lui déplaiſent.

LE SIFFLEUR.

Sçavez-vous bien qu'il y a des Auteurs
qui lui cauſent juſqu'à la fluxion de poitrine ?

TERPSICORE.

Oh bien ! elle vous eſt *hoc*, ſi vous
reſtez ici ; Sçachez qu'Apollon médite un
projet qui va mettre les Siffleurs ſur les
dents.

LE SIFFLEUR.

Il n'a qu'à parler ; nous ſommes tous à
ſon ſervice & au vôtre auſſi, Mademoiſelle
Terpſicore.

TERPSICORE.

Oh ! je ne prétends pas enlever les pratiques de Thalie & de Melpomene.

APOLLON *à Terpſicore.*

Ne ceſſerez-vous point de tirer ſur elles ?

LE SIFFLEUR *à Terpſicore.*

De grace, obtenez d'Apollon qu'il ait

O ij

l'indulgence de me communiquer fon projet.

TERPSICORE.

Gare la pituite.

APOLLON *au Siffleur.*

Je veux bien vous fatisfaire. Prêtez-moi attention.

TERPSICORE.

C'eft ce qu'il prête le moins volontiers.

APOLLON.

Le Banquet des fept Sages, les Nôces de Gamache, & le Feftin des Lapites & des Centaures, font trois repas qui n'ont point obtenu l'approbation de bien des Convives.

LE SIFFLEUR.

Pour moi j'en fortois prefque toujours avant le fruit.

TERPSICORE.

Y en avoit-il ?

APOLLON.

J'ai imaginé d'établir pour les Theatres un Serdeau different des autres ; car loin de le remplir de plats de rebut & des reftes, on n'y recevra que les bons morceaux.

LE SIFFLEUR.

Il ne vous faudra pas une grande boutique.

APOLLON.

Je veux commencer ce triage par les trois repas que je viens de citer , & dès aujourd'hui j'en extrairai les mets les plus friands pour en compofer un ambigu.

TERPSICORE.

C'eſt fort bien penſé , un ambigu ; car vous aurez beaucoup de viande froide.

APOLLON.

J'ai mandé à Baſile & Quitterie , à Dom Quichote & aux ſept Sages de Grece , ainſi qu'à Pirithoüs de ſe rendre ſous cette Ramée.

TERPSICORE.

Nous allons avoir ici bonne compagnie.

LE SIFFLEUR *à Apollon*.

Vous prétendez raſſembler ici Baſile , Dom Quichote , les ſept Sages de Grece & Pirithoüs ?

APOLLON.

Et Pirithoüs.

LE SIFFLEUR.

Adieu.

APOLLON.

Où courez-vous donc , Monſieur le Siffleur ?

LE SIFFLEUR.

Je vais chercher du secours, il y aura ici trop de besogne pour moi tout seul.

SCENE III.

APOLLON, TERPSICORE.

TERPSICORE.

IL va donner là une bonne nouvelle à ses confreres les Siffleurs, je prévois même qu'ils auront des troupes auxiliaires.

APOLLON.

Eh ! qui ?

TERPSICORE.

Les partisans des Traiteurs qui ont apprêté les trois repas que vous voulez déranger. Nous allons entendre ici de bruyans trios.

SCENE IV.

APOLLON, TERPSICORE, BASILE
en Chevalier errant, L'ECUYER
au grand nés.

APOLLON.

Qui font ces beaux mafques-là ?
TERPSICORE.
Ce ne peut-être que Don Quichote.

BASILE *fans lever la vifiere de fon cafque.*

Moi, Dom Quichote! vous vous mé-
prenez.

APOLLON.

Vous n'êtes point Dom Quichote ! &
qui donc êtes vous, s'il vous plaît, nouveau Chevalier de la trifte figure ?

BASILE.

Je fuis Bafile.

APOLLON.

Bafile ! & pourquoi vous être habillé fi
ridiculement ? eft-ce là un harnois convenable à un amant malheureux?

BASILE.

Paix, paix ; c'eſt une fineſſe d'amour.

TERPSICORE *ironiquement*.

Une fineſſe d'amour? Ah ! le petit ruſé !

BASILE.

Je m'étois ainſi équipé dans cet ajuſte-
ment commun, pour parler à Quitterie ſans
être obſervé par des gens de la nôce.

TERPSICORE.

Ce déguiſement eſt judicieuſement choi-
ſi pour un *incognito*. * Un caſque, une cuiraſſe, une lance, dans une nôce champê-
tre ; cela ne ſe remarque pas.

APOLLON.

J'aurois cru, moi, que vous auriez pris
toutes ces armes offenſives & défenſives
pour aller combattre votre rival.

TERPSICORE *à Baſile*.

O ça, Monſieur le Paladin de nouvelle
fabrique, l'enchanteur qui enregiſtre vos
belles actions m'a dit que le moment où vous
avez paru ſi martialement caparaſſonné devant Quitterie, étoit le moment fatal où

_____

* Cet avertiſſement étoit dans la piéce de Baſile
& Quitterie.

elle

elle alloit épouſer le riche Gamache votre rival.

BASILE.

L'Enchanteur ne ment pas.

TERPSICORE.

Il m'a dit encore que loin de ménager des inſtans ſi courts & ſi précieux, & les employer à chercher promptement les moyens d'arracher votre maîtreſſe à votre rival, vous vous êtes amuſé comme un écolier à badiner hors de propos avec Dom Quichote, & à copier la maſcarade du *Bachelier Samſon Caraſco*. Cette Scene ne convenoit ni à un eſprit raiſonnable, ni à un cœur paſſionné.

BASILE.

Elle a pourtant bien fait rire.

APOLLON.

Quoi une ſituation ſi abſurde ! un badinage ſi déplacé !

BASILE.

Bon bon, ſi vous aviez vû le beau contraſte de ce badinage-là, avec les tendres lamentations que nous venions de faire Quitterie & moi ; vous auriez été enchantés : tenez, c'étoit du Comique, & puis du Tragique, & puis du Comique ; on n'avoit pas le tems de les diſtinguer.

Le Serd. des Theatres.   P

TERPSICORE.

Auffi les connoiffeurs même s'y mépre-
noient-ils. On les voyoit fouvent pleurer
au Comique, & rire au Tragique.

BASILE.

Ah ! fi vous aviez entendu Quitterie !
dame , cette fille-là parloit comme une
Princeffe !

APOLLON.

Quitterie , * parloit comme une Princeffe ! Quitterie , fille d'un laboureur.

BASILE.

Oh ! vous ne l'auriez jamais prife pour
une payfane. Ses tons dolens fendoient le
cœur ; on croyoit entendre *Chimene* ou
Monime.

APOLLON *appercevant l'Ecuyer au grand
nés.*

Qui eft ce nés-là ?

BASILE.

C'eft mon Ecuyer.

APOLLON.

Autre puerilité. A quoi bon mener avec

* Le Rolle de Quitterie étoit trop tragique pour
un fujet fi peu noble. Il étoit joüé par la célebre
Mademoifelle le Couvreur.

vous cet Ecuyer au grand-nés , dès que vous ne vouliéz que parler à Quitterie? Ce nés-là étoit inutile.

TERPSICORE.

. Vous ne connoiffez pas les admirables propriétés de ce nés-là. Apprenez que fans ce nés-là, on n'auroit jamais pû faire une piéce de trois Actes, des amours de Bafile & de Quitterie. C'eft ce nés-là qui allonge le parchemin , & qui produit toutes les ter- reurs de Sancho : ces terreurs enfantent des Scenes , & ces Scenes font une Comédie.

APOLLON.

Allez , Monfieur l'Ecuyer , allez m'at- tendre à l'Office.

TERPSICORE.

Vous , Monfieur l'Ecuyer , trouverez- vous bien la cuifine ? vous n'avez pas le nés fin.

SCENE V.

APOLLON, TERPSICORE.

TERPSICORE.

Voilà deux Cuirassiers très-dignes d'être réformés.

APOLLON.

Je ne crois pas que les nôces de Gama-che puissent seulement fournir une assiette pour notre ambigu.

SCENE VI.

APOLLON, TERPSICORE, ARLEQUIN *se curant les dents.*

TERPSICORE *à part.*

ARlequin se nettoye les dents. Oh ! notre ami, qu'avez-vous dans la bouche qui vous incommode ?

ARLEQUIN.

C'est un lopin de morale qui me tracasse la mâchoire.

TERPSICORE.

Un lopin de morale !

ARLEQUIN.

Oüi, cela m'eſt reſté entre les dents depuis le Banquet des ſept Sages. *

APOLLON.

Quels mets donc avoit-on ſervi à ce Banquet, ſi long-tems annoncé ?

ARLEQUIN.

De la morale, boüillie, rotie, en ragoût,
en compote, en fricaſſée, en hachis, au ca-
ramel, & même au ** bleu.

APOLLON.

Voilà de la morale à toutes ſortes de
ſauſſes.

TERPSICORE.

Oüi, mais il n'y a pas eu une ſeule de
ces ſauſſes-là, qui ait engagé perſonne à ſe
lécher les doigts.

APOLLON.

Qu'a donc fait le pauvre Arlequin à ce lu-
gubre Banquet ?

* Cette piéce abondoit en morale.

** Il y avoit de la morale dans la Comédie du Banquet des ſept Sages, juſques dans les Vaudevilles.

ARLEQUIN.

J'ai fait des argumens * cornus.

APOLLON.

Tu difois donc bien des fottifes ?

TERPSICORE.

Non , c'étoient les Sages qui en difoient.
Arlequin étoit le héros de la fête , c'étoit
lui feul qui foutenoit la converfation.

ARLEQUIN.

Je foutenois auffi des thefes.

APOLLON.

Tu foutenois des thefes ! eh ! contre qui ?

ARLEQUIN.

Contre le premier venu.

APOLLON.

Mais encore qu'as-tu bû au Banquet?

ARLEQUIN.

Ne parlons plus de la ** *Piquette* , je vous
en prie ; cette liqueur eft un poifon pour
moi.

TERPSICORE.

C'eft un vin qui ne rapelle pas fon buveur.

_____

* Arlequin au Banquet difputoit éternellement.

** Terme que le Public a trouvé mal employé dans
le Banquet des fept Sages.

APOLLON à *Arlequin.*

Tu n'as donc pas sifflé la linote ?

ARLEQUIN.

Non, mais on m'a sifflé, moi.

TERPSICORE.

On t'a sifflé !

ARLEQUIN.

Oüi, on m'avoit fait venir des Antipo-
des * exprès pour cela.

APOLLON.

Mais dis-moi.

ARLEQUIN.

Oh ! dis-moi, dis-moi ; vous me feriez à
la fin répéter ici tout ce que j'ai dit au *Banquet* ** *ridicule.*

APOLLON.

Quel est ce Banquet ridicule ?

ARLEQUIN.

Vertuchou ! c'est une Comédie, cela !

___

* L'Auteur du Banquet fait venir Arlequin des An-
tipodes pour l'amener à cette fête.

** Critique en Vaudevilles du Banquet des sept
Sages.

P iiij

on y mange * dès la premiere Scene.

TERPSICORE.

Je parie qu'il n'y avoit point de Sages à ce Banquet-là.

ARLEQUIN.

Ne pariez pas.

APOLLON.

Comment ?

ARLEQUIN.

Elle perdroit son argent.

TERPSICORE.

Quoi, il y avoit des Sages au Banquet ridicule ?

ARLEQUIN.

Oüi, il y avoit des Sages, mais des Sages sages.

APOLLON.

Dites-nous leurs noms ?

ARLEQUIN.

Nous étions partie quarrée de Philosophes ; moi, Pantalon, Pierrot & Polichinelle.

* On avoit reproché à l'Auteur du Banquet que l'on n'y faisoit mention ni de boire ni de manger; on plaisante sur cette objection dans le Banquet ridicule, en faisant enyvrer les Acteurs de cette petite piéce.

TERPSICORE.

Voilà, en verité, la quinteſſence de la Philoſophie !

APOLLON.

Et ce Banquet-ci a-t'il un dénoüement auſſi précipité que celui du Banquet des ſept Sages ?

ARLEQUIN.

C'eſt bien une autre précipitation, ma foi ! nous ſortons tous yvres du Théatre ; cela finit bien noblement, au moins,

TERPSICORE.

Très-noblement.

ARLEQUIN.

Voilà comme toutes les Comedies devroient ſe dénoüer.

APOLLON.

Arlequin, allez joindre à la cuiſine l'Ecuyer au grand nés.

ARLEQUIN. *

Parlez donc, Seigneur Apollon, trouverai-je dans votre cuiſine dequoi m'occuper au ſolide ?

* Part, & revient ſur ſes pas.

TERPSICORE.

Oüi, va, tu trouveras quelque débris des nôces de Gamache. *

* Arlequin fort en fautant.

SCENE VII.

APOLLON, TERPSICORE.

APOLLON.

ARlequin apprehende de ne pas faire bonne chere fur le Parnaffe.

TERPSICORE.

Il eft pardonnable de fe défier de la cuifine du Dieu des Poëtes.

APOLLON.

Je fuis d'avis d'aller voir ce que je tirerai de nos Sages, qui, je crois, font arrivés, puifqu'Arlequin eft ici.

TERPSICORE.

Allez, & moi je vais attendre de pied ferme Pirithoüs ; je veux examiner comment il abordera une Mufe à qui il a des obligations effentielles. *

* Les Ballets de cette Tragedie la foutinrent.

SCENE VIII.

TERPSICORE, PIRITHOUS.

TERPSICORE.

JE n'attendrai pas long-tems ; le voilà lui-même. Bon jour , Seigneur Pirithoüs.

PIRITHOUS.

Bon jour , agréable Terpsicore : je suis charmé de vous voir; je ne suis pas ingrat.

TERPSICORE *à part & étonnée.*

Eh ! comment donc , Pirithoüs parle ! on disoit dans le monde qu'on ne pouvoit pas tirer une bonne parole de lui : qu'avez-vous ? vous me paroissez embarassé.

PIRITHOUS.

Hélas ! c'est un maudit réve qui me trouble le cerveau.

TERPSICORE.

Quoi , encore un songe ! il faut convenir que Pirithoüs est bien sujet à faire de mauvais songes : de grace , racontez-moi ce songe nouveau qui peut allarmer un esprit aussi fort que le vôtre ?

PIRITHOUS. Air 71. *L'autre nuit j'apperçus*
en songe.

L'autre nuit j'apperçus en songe
Le Theatre de l'Opera ....
Grands Dieux ! qu'allois-je faire là ?

Air 44. *Réveillez-vous belle endormie.*

Un mauvais plaisant du parterre,
En m'appercevant s'écria :

Air 16. *Ah ! Philis, je vous vois, je vous*
aime.

Pirithoüs, je vous vois, je vous aime,
Pirithoüs, je vous aimerai tant,
Pourvû que ce soit un instant.
Je vous vois, je vous veux, je vous aimerai tant.

Air 34. *Mon Pere je viens devant vous.*

Un de mes prôneurs à ces mots
A voulu prendre ma défense,
C'étoit un Caissier des plus gros,
Un bel esprit de la Finance,
Il a dit au méchant railleur :

Air 57. *On dit qu'amour est si charmant.*

Que Pirithoüs est charmant !
Peut-il ennuyer un moment ?
On y voit jusqu'au dénoument
Quelque danse jolie,
Passepied, Menuet galand,
La belle Tragedie !

TERPSICORE.

Cette ſçavante apologie, a ſans doute, fermé la bouche aux Frondeurs, & votre ſonge a fini plus heureuſement qu'il n'avoit commencé.

PIRITHOUS. Air 112. *Folies d'Eſpagne.*

Non : ce diſcours quoi qu'auſſi doux que Manne,
Trouva d'abord un très-aigre Cenſeur,
Un franc Gaſcon qui jurant Dieu me damne,
Répondit ſec à mon gros défenſeur :

Air 71. *Dupont mon ami.*

Caiſſier mon ami
    Qui t'a fait ſi bête,
Pour voir ſans ennui,
    Et ſans mal de tête,
Un Opera ſi plaintif,
    Et ſi réfrigeratif ?

Air 6. *Tout cela m'eſt indifferent.*

Eh donc ! tu crois que les pavots
N'y ſont debités qu'à propos,
Et que l'Auteur ne les amene
Qu'avec les ſonges * ſeulement ?
Mais, cadedis, dans chaque ſcene
Morphée arrive à tout moment.

* Il y a un joli divertiſſement formé par les ſonges.

Air 84. *J'entens le moulin taqueter.*

Lors près du Gascon, tique tique taque.
Tout le Parterre a taqueté.

TERPSICORE.

C'est donc ainsi que votre songe s'est ter-
miné ?

PIRITHOUS.

Hélas ! oüi.

Air 17. *On n'aime point dans nos forêts.*

Quel songe ! ah, j'en frémis d'horreur !
N'en fremissez-vous pas vous-même ?

Hem , qu'en dites-vous ?

TERPSICORE.

Eh ! mais, je dis que vous ne faites pas des
songes agréables.

PIRITHOUS *à Terpsicore.*

Air 109. *Ah ! voyez donc que ces manans*
font drôles.

Ah ! voyez donc
Ma chere Hippodamie,
Ah ! voyez donc
Comme elle a l'air fripon !

SCENE IX,

TERPSICORE, PIRITHOUS, HIPPODAMIE.

HIPPODAMIE *sans les voir,*
Air 18. *O reguingué.*

Fuyez, fuyez, triftes ennuis, * *bis.*
    Je vais paffer de belles nuits.
O reguingué, ô lon lan la.
Fuyez, laiffez en paix ma flame,
L'efpoir vient regner dans mon ame.
    TERPSICORE *à part.*

Ce Monologue-ci ne fatiguera pas les
mains du parterre.

    PIRITHOUS. Air 53. *Flon, flon.*
        Je revois ma Princeffe.
PIRITHOUS, & HIPPODAMIE,
enfemble, danfant & fe careffant.
    O jour cent fois heureux !
    Aimons-nous bien fans ceffe,
    Et chantons à nous deux

* Le Monologue de l'Opera qui commençoit par
ces mots, étoit fort applaudi.

Et flon flon
La rira don daine,
Flon flon flon
La rira don don.

TERPSICORE *à part.*

Que ces deux amans paroiſſent avoir été
mal menés ! il faut que je leur demande l'hiſtoire de leurs amours. De grace, tendre Pirithoüs, & vous ſenſible Hippodamie, racontez-moi vos avantures de l'Opera.

PIRITHOUS.

Taupe ! Quoiqu'en mon petit particulier
je n'y brille gueres.

TERPSICORE.

Qu'importe : dites toûjours.

PIRITHOUS. Air 10. *De la ſerrure.*

J'entre le premier ſur la Scene,
Sans dire d'où je ſuis venu,
Et là mon confident Acmene
Me dit de m'*armer de vertu.*

Air 6. *Tout cela m'eſt indifferent.*

J'apprens que dans ce même jour
Le cher objet de mon amour *
Doit épouſer un Roi feroce
Souverain d'un peuple brigand ;

* Montrant Hippodamie qui fait la reverence.

Et que dans un bois cette nôce
Doit se célebrer en plein vent.

TERPSICORE.

C'est pour n'être pas incommodé de la chaleur des bougies. Mais que veniez-vous faire ?

PIRITHOUS.

Ce que je venois faire ! ce que je venois faire ! patience, vous allez voir beau jeu.

Air 42. *Tu croyois en aimant Colette.*

Je vois l'ennemi qui s'avance,
Il faut renverser ses projets,
Et . . . je me cache avec prudence
A l'abri d'un feuillage épais.

TERPSICORE.

On disoit que Pirithoüs n'avoit point de conduite ; quelle médisance !

HIPPODAMIE.

Tandis que Pirithoüs est à l'*affust* dans le bois, on m'ameine enchaînée devant Eurite mon ravisseur, qui pour présent de nôces me donne la liberté ; alors pour me divertir les Centaures chantent des brunettes.

Air 35. *Le fameux Diogene.*

Dans ce moment Eurite
Très-fort me sollicite
Pour être mon époux ;

Le Serd. des Theatres.   Q

Loin d'en être effarée
Moi faifant la fucrée
Se radouciffant .... Je répons d'un ton doux. *bis.*

Air 28. *Je reviendrai demain au foir.*

Mon amant paroît, auffi tôt
élevant fa voix. .... Je prens un ton plus haut, *bis.*
Et crie au Centaure confus,
J'aime Pirithoüs. ..... *bis.*

TERPSICORE.

Cela eft à merveille : il faut parler felon
le tems.

HIPPODAMIE.

Pirithoüs fentit dans fa cachette que le
Centaure alloit brufquer l'himenée.

PIRITHOÜs. Air 19. *Quand on a prononcé*
ce malheureux oüi , oüi.

Je viens plaider mon droit, moi qui ne fuis pas bête,
J'avance vers Eurite, en lui criant, arrête !
Quel infolent triompbe ici bleffe mes yeux ?
Ingrat, qui t'a rendu le maître de ces lieux !

TERPSICORE *ironiquement.*

Pefte ! vous ne fûtes ni fou ni étourdi ?

PIRITHOUS.

Selon les regles je devois bien être frotté
dans cette occafion ; mais Hermilis me fau-
va de la fureur des Centaures.

TERPSICORE.

La sœur de votre rival vous sauva !

PIRITHOUS. Air 113. *Toure loure loure.*

> Oüi , c'est une bonne forciere
> A qui ma perfonne est très-chere ;
> J'ignore l'endroit & le jour *
> Toure loure loure loure loure loure loure.
> J'ignore l'endroit & le jour
> Où naquit cet amour.

TERPSICORE. Air 12. *Quand le peril est agréable.*

> Pirithoüs contant fa vie
> Ne date rien exactement !
> Je ne le crois pas fort favant
> Dans la Chronologie.

Continuons. L'amoureuse Hermilis vous garantit des étrivieres que vous méritiez pour avoir insulté un vainqueur brutal au milieu de ses soldats.

PIRITHOUS.

Un coup de la baguette d'Hermilis me mit à couvert de leur restentiment sous un bon , grand & large nuage qui sortit de terre ** subitement, & qu'on a supprimé depuis.

* Cela n'est pas expliqué dans l'Opera.

** Ce nuage n'a paru que dans les premieres représentations.

Q ij

TERPSICORE.

L'Opera ne reſpecte pas toûjours la Phi-
ſique. Que devintes-vous en ſortant de
votre nuage ſoûterrain ?

PIRITHOUS. Air 68. *Je jure par tes yeux.*

Dans des jardins fleuris ,   *bis.*
Enchantés par les ſoins de la tendre Hermilis,
Je me trouvai près d'elle ayant l'air entrepris.

TERPSICORE. Air 44. *Réveillez-vous ,*
belle endormie.

Il eſt permis d'avoir l'air gauche
Avec femme qu'on n'aime pas.
Mais de grace achevez l'ébauche
Du portrait de votre embarras.

PIRITHOUS.

Vous ne devineriez jamais ce qu'Hermilis
a exigé de moi dans ce tête à tête emba-
raſſant.

TERPSICORE.

Eh ! mais, quand une femme qui n'eſt pas
honteuſe ſe trouve ſeule avec ce qu'elle
aime… je crois, moi… qu'elle cherche
à abreger la converſation.

PIRITHOUS.

Hermilis m'a donné la ſotte commiſſion
d'exhorter ma maîtreſſe à épouſer mon ri-

val * : Voyez un peu quelle Scene impertinente elle me propofoit là !

TERPSICORE.

Aprenez, ignorant, que cette Scene que
vous appellez impertinente, a paru dans plus
de vingt belles & bonnes Tragedies.

HIPPODAMIE.

Cela fe peut. Mais Pirithoüs ne connoît
point le Theatre.

TERPSICORE.

Allons, vous voilà tous deux enfemble
par la mauvaife politique d'Hermilis ; quel
ufage fit Pirithoüs de ce tête à tête-ci ?

HIPPODAMIE. Air 26. *Joconde.*

Tandis que pleurans en *duo*
Nous formons des complaintes,

PIRITHOUS.

L'obfcurité vient *fubitò*
Et redouble nos craintes.

HIPPODAMIE.

Privés du plaifir de nous voir
Notre petit cœur tremble.

PIRITHOUS.

Nous tombons dans un défefpoir
Qui nous endort enfemble.

* Scene ufée & cent fois rebatuë.

TERPSICORE.

Eh bien ! tranquilles défesperés , quels fonges eûtes-vous pendant votre fommeil ? car apparemment l'intention d'Hermilis étoit

Air 143. *Les fonges funeftes d'Atys.*

> D'infpirer la terreur ,
> La peur ,
> L'horreur ;
> De peindre fa fureur ,
> D'agiter votre cœur.

PIRITHOUS. Air 114. *Viens, ma Bergere, viens feulette.*

> * Pour moi je croyois fur l'herbette ,
> O lon lan la lan derira,
> Entendre une flûte doucette ,
> O lon lan la lan derirette ,
> O lon lan la lan derira.

TERPSICORE.

Des fonges funeftes acc ompagnés de flûtes ! cela n'eft pas pillé d'Atys. ** Et vous , votre fonge funefte a-t'il été auffi gracieux que celui de Pirithoüs ?

* Très-gracieufement.

** A Hippodamie.

HIPPODAMIE. *Air 13. Mais surtout prenez*
bien garde à votre cotillon.

Je songeois que Pirithoüs
M'épousoit à bâtons rompus,
Et qu'Hermilis l'œil furibond,
Montrant le poing, haussant le ton,
Me crioit, prenez bien garde
A votre cotillon.   *bis.*

TERPSICORE.

Et y prites-vous garde?

HIPPODAMIE *riant niaisement.*

Je ne me souviens pas de cela.

TERPSICORE.

Je vous pardonne votre défaut de memoire: continuez.

PIRITHOUS.

La baguette d'Hermilis nous reveille,
Eurite se trouve là, toûjours menaçant.

TERPSICORE.

Et vous désarmé; cela ne sent pas bon.

PIRITHOUS.

Oh! tous les incidens de notre histoire
font des miracles!

HIPPODAMIE.

Oui, vous nous croyez perdus? eh bien!

Thesée arrive jusques dans les jardins enchantés d'Hermilis avec tous ses Athéniens, à la honte de la Magie qui vraisemblablement en avoit fermé les passages.

PIRITHOUS.

Oh! Minerve avoit conduit le secours jusqu'à la porte.

TERPSICORE.

C'étoit bien la peine de mettre la Déesse de la Sagesse en campagne pour une si belle opération. O ça! il va y avoir du sang répandu ; Thesée n'est pas homme à demeurer les bras croisés dans une pareille conjoncture.

PIRITHOUS.

C'est ce qui vous trompe. A l'arrivée de Thesée, Eurite au lieu de l'attaquer va remercier les Dieux de ce qu'il a trouvé un ennemi digne de son courage.

TERPSICORE.

Ce n'étoit pas là un compliment pour vous.

PIRITHOUS.

Et Thesée aussi dévot qu'Eurite, nous conseille d'offrir un sacrifice au Dieu Mars avec qui j'étois broüillé.

TERPSICORE.

TERPSICORE.

Quoi, Thesée, l'apprenti d'Hercule!

Air 23. *Laire, la, laire lan laire.*

Lors qu'il faut jouer des couteaux,
Vient vîte par monts & par vaux
Dire qu'on se mette en priere;
Laire la, il n'avoit guére,
Laire la, ce flegme-là.

PIRITHOUS. Air 47. *Ma raison s'en
va beau train.*

Enfin, au terrible Mars,
Qui d'un seul de ses regards
Renverse rempars,
On offre des dards.
Avec un sacrifice
Paré des plus beaux étendarts.

TERPSICORE.

Le Dieu fut-il propice?

Lon la.

Le Dieu fut-il propice?

HIPPODAMIE.

Eh! comment auroit-il resisté aux agrémens de la Fête que nous lui avons donnee?

PIRITHOUS. Air 41. *Quand Moyse fit
défense.*

Dans le temple redoutable
Du puissant Dieu des combats,
Tome II. Le Serd. des Theatres. R

D'un Paſſepied très-aimable
On a tricoté les pas.

TERPSICORE.

Il falloit par bienſéance
Y joindre une contredanſe ;
Car les Guerriers, mon garçon,
Aiment fort le Cotillon.

PIRITHOUS.

Il y a pourtant des Pecores qui n'ont pas trouvé bon qu'on s'y ſoit pris ſi gaiment pour appaiſer le couroux de Mars.

TERPSICORE.

Votre ſacrifice enjoüé a-t-il eu un bon ſuccès ?

PIRITHOUS.

Oh très-bon ! Dans le tems qu'un Officier general Athenien achevoit de danſer un Rigaudon, l'Oracle a parlé.

TERPSICORE.

L'Oracle a parlé ! cela doit être ſublime; voyons, répetez-moi ce qu'il a dit.

PIRITHOUS.

Le voilà.

Air 29. *Je ne ſuis né ni Roi ni Prince.*

Pour décider du Mariage
Qui fait ici tant de tapage,
Peuples, préparez un feſtin,

Buvez , sans tarder davantage ,
Vous sçaurez l'Arrêt du destin
Entre la poire & le fromage.

TERPSICORE.

On n'avoit jamais vû de repas comman-
dé par un Oracle. Cela est tout batant neuf !

PIRITHOUS *riant niaisement.*

Je sçavois bien , moi , qu'il y avoit du
neuf dans mon affaire.

TERPSICORE. Air 67. *Jean-Gille.*

Le festin fut-il tranquille ?
Jean-Gille , Gille joli Jean.

PIRITHOUS. Air 44. *Réveillez-vous belle endormie.*

Non , Hermilis maligne en diable ,
Tandis qu'on trinquoit largement ,
Fit trouver la discorde à table
Et cela par enchantement.

TERPSICORE. Air 67. *Jean Gille.*

Enchantement inutile ,
Jean-Gille , Gille , &c.

Air 115. *Branle de Mets.*

Il n'étoit pas nécessaire
De tirer des sombres bords
Par de magiques efforts
La discorde meurtriére ,
Pour broüiller des sac-à vin

R ij

Parmi la pinte & le verre,
Pour broüiller des fac-à vin
S'en voulant de longue main.

PIRITHOUS.

Oh ! vous n'êtes pas encore au bout de
mon histoire.

TERPSICORE.

Oh ! je suis au bout de ma patience.
Quartier, Monsieur Pirithoüs, quartier.

Air 27. *Je n'sçaurois.*

Devant qu'il soit peu, je gage,
Vous manquerez d'auditeurs ;
Avec votre verbiage
Vous me donnez des vapeurs,
Je n'sçaurois
Vous entendre davantage,
J'en mourrois,

PIRITHOUS.

Mais laissez-moi du moins abreger mon
recit...

TERPSICORE *vivement.* Air 49.
Turlututu rengaine.

Turlututu rengaine, rengaine, rengaine,
Turlututu rengaine, rengaine ton récit.

SCENE X.

TERPSICORE, PIRITHOUS,
HIPPODAMIE , un HABITANT
du Parnasse.

L'HABITANT *à Terpsicore.*

LE Centaure Eurite approche avec sa
sœur Hermilis.

HIPPODAMIE. Air 4. *Voici les Dragons qui viennent.*

Voici les Dragons qui viennent ,
à Pirithoüs... Mon cœur, sauvons-nous ;
Et tôt retournons au gîte ,
Je cours me cacher bien vîte ,

PIRITHOUS.
Et moi itou ,
Et moi itou. *

TERPSICORE.
Voilà une belle retraite !

* Ils s'enfuyent.

R iij

SCENE XI.

EURITE en vrai Centaure, HER-
MILIS fur la croupe de fon frere,
TERPSICORE.

HERMILIS *en croupe.*

Dia, mon frere, dia uriau ... attendez donc, mon frere, vous prenez le
galop ; attendez que je defcende. * Qui
diable eft le butor qui vous a fanglé ? votre
felle ne tient pas.

TERPSICORE *à part.*

Le joli convive qui nous vient là ! lui
donnera-t'on une chambre ou une écurie ?

EURITE *à Terpſicore.* Air 7. *Ton himeur*
eſt , Cathereine.

Peut-on avoir audience
D'Apollon en ce moment ?

HERMILIS.

Nous venons en diligence
Lui conter notre tourment.

* Elle tombe en defcendant.

Mon frere a prefque pris le mors aux dents.

EURITE *criant.*

Je me plains d'une infolence
Qui m'infulte grandement.

TERPSICORE *fe bouchant les oreilles.*

Beau dada par complaifance
Hanniffez plus doucement.

Expliquez-moi fans ruades de quoi il eft queftion.

EURITE.

Comment, morbleu! je viens d'apprendre qu'au mépris des Métamorphofes d'Ovide, l'Opera s'eft ingeré de me repréfenter fur fon Théatre, & de me mettre en culotte !

TERPSICORE.

Si ce changement choque la Mythologie, il convient à l'Hiftoire, qui dit que les Centaures étoient des hommes habiles à manier les chevaux.

HERMILIS.

L'Opera eft un plaifant nigaud de quitter la Fable fa mere nourrice, pour fuivre l'Hiftoire qui ne lui prête ni Dieux, ni en-

R iiij

chantemens , ni même une bergerie * hors
d'œuvre.

EURITE *à Terpsicore* , Air 11. *Robin*
turelurelure.

A quoi bon se signaler
Et suivre l'Histoire pure ?
Lorsqu'il faut me mutiler ,
Turelure ,
Et me changer de nature ?

TERPSICORE.

Robin , turelure lure.

HERMILIS.

Non , je n'en puis revenir ; tronquer un
Centaure à l'Opera !

EURITE.

Lui donner des souliers !

TERPSICORE.

Apollon avance , vous pouvez lui présenter votre requête.

* Il y en a une de ce genre-là dans Pirithoüs.

SCENE XII.

TERPSICORE, EURITE, HERMILIS, APOLLON.

EURITE. Air 54. *Ton relon tonton.*

G Rand Dieu des Vers & de la Medecine,
Ecoutez-nous, ô fçavant Apollon.

HERMILIS.

Eurite eſt Roi d'une illuſtre origine,
Ii eſt couſin du Centaure Chiron.

APOLLON.

Ton relon tonton,
Tontaine
La tontaine
Ton relon tonton,
Tontaine
La tonton.

EURITE. Air 39. *A la façon de Barbari.*

Eh ! quoi donc le divin Phœbus
Qu'on met ſur le Pinacle,
Ne nous répond que des Rebus,
Lui ! le premier Oracle !...

TERPSICORE.

Les Oracles * font fans raifon,
La faridondaine,
La faridondon ;
Ils répondent tous aujourd'hui,
Biribi
A la façon de Barbari,
Mon ami.

APOLLON *à Terpficore.*

Depuis que je vous ai quitté, j'ai vifité notre Serdeau, j'ai parcouru tous les plats de la nôce, du Banquet & du feftin....

TERPSICORE.

N'eft-il pas vrai qu'il eft impoffible de manger de tout cela, à moins qu'il ne furvienne une famine ?

APOLLON.

On en a un peu gouté ** pendant le Carnaval.

TERPSICORE.

Cela n'eft point étonnant : dans cette faifon-là, la volaille la plus coriace ne refte pas à la Vallée.

---

* L'Oracle de Delphes, Piéce Françoife prudemment retirée, & l'oracle de l'Opera de Pirithoüs.
** Toutes les piéces critiquées ont été joüées pendant le Carnaval de l'année 1723.

APOLLON.

Eurite & Hermilis n'ont qu'à demeurer ;
j'ai dit aux autres de fe rendre ici. Notre
ambigu fera fuccint.

TERPSICORE.

Tant mieux.

APOLLON.

Et compofé de quelque Mufique & de
quelque danfes....

TERPSICORE.

Je me meflerai volontiers à ces danfes, je
fçai que les airs m'en conviennent.

SCENE DERNIERE.

APOLLON, TERPSICORE,
BASILE, ARLEQUIN, les SAGES,
PIRITHOUS, EURITE, HIPPO-
DAMIE, HERMILIS. Les Danfeurs,
moitié en Bergers & moitié en Tritons.

On joüe les Rats pour la marche.

Après la Marche des Rats, TERPSICO-
RE danfe la Gigue du Prologue de PIRI-
THOUS.

PIRITHOUS. Air 144. *Parodie de la Gigue.*

Doux plaifirs

Tout enchante où vous êtes :
Comblez nos defirs
Dans ces retraites :
Raffurez les Auteurs,
Banniffez les Siffleurs.
       Quel martyre !
Tout ce qui refpire ,
       Soupire
       Ici
Quelquefois d'ennui
       Loin de nous
Importune Critique :
Allons, quittez tous
L'humeur cauftique ,
Vous troublez qui veut vous divertir,
Meffieurs , en dramatique ,
Vous êtes , à n'en point mentir ,
Mal affez à nourrir.
Grace, grace, plus de guerre :
Mars avec fon Corcelet,
Jupin avec fon Tonnerre,
Cent fois moins de peur nous fait,
Que ne fait le Parterre
Armé feulement d'un fifflet.

TERPSICORE *aux Perfonnages de l'Ambigu.*

Allons, mes amis , ne dérogez point à la variété de l'ambigu ; point de Vaudeville uniforme. Je vais commencer.

Air 116. *Venez Garçons, venez Fillettes.*

Auteurs employez fur la Scene
Pour Thalie & pour Melmopene,
Faites danfer, & allons gay,
    Ariettes
    Et Mufettes
En hyver comme au mois de May.

PIRITHOUS. *à Terpficore.* Air 96. Ma
Comere quand je danfe.

Terpficore, quand il danfe
Pirithoüs va-t'il bien ?
Vos jolis pas font fon foûtien ;
Mais dès qu'il parle, il ne tient plus à rien.
Terpficore, quand il danfe
Pirithoüs va-t'il bien ?

HERMILIS *au Public, fur l'*Air 117. Du Banquet des fept Sages, Rions, amis, les Dieux.

à Arlequin   Rions, amis, les Dieux ont mis
& Trivelin.   La felicité dans les ris.
    C'eft-là fur-tout que gît la nôtre :
*au Parterre...*Meffieurs, ëlle naît de la vôtre,
    Riez ; celui qui rit le mieux,
    Ne peut trop venir dans ces lieux.

HIPPODAMIE *fur le dernier Vaudeville
du Banquet des fept Sages.* Air 118.

Momus, tes jeux & tes ris
Sont fouvent plus legers qu'Eole :
Donne-nous le fecret d'amufer tout Paris

Et d'égayer les plus rigris,
Loin de nous que l'ennui s'envole.

TRIVELIN *au Public.* Air 119. *Un amant*
avec ce qu'il aime.

Banquet qu'avec foin on appréte
Affez fouvent n'eft pas trop beau ;
Venez, fans vous faire de Fète,
Sans façon manger au Serdeau.

ARLEQUIN *au Public* Air 120. *J'ai peur*
que notre fageffe.

Vous n'aurez plus de morale
Ni de fages lanterniers :
Pour faire aller la timbale
Il faut d'autres Cuifiniers ;
Mais, Meffieurs, pour des lan laire
Des flon flon, des lanturelus,
Et des vogue la galere
Vous en aurez tant & plus.

La Piéce finit par un pot pourri de danfes, compofé des contredanfes les plus gayes & ingenieufe-
ment diverfifiées. L'Actrice qui repréfente Terpficore avec des graces naïves qui lui font particulie-
res, foutient dans le Balet fon Rolle de Mufe de
la danfe. C'est le jugement du Public.

FIN.

PARODIE,

TRAGI-COMEDIE.

Représentée pour la premiere fois, par les Comédiens Italiens ordinaires du Roi, le 23. Mai 1723.

ACTEURS.

PARODIE, Fille de Momus.

MELPOMENE, Muſe de la Tragédie.

LE PARTERRE.

FURIUS Poëte, armé d'une Cuiraſſe & d'un Caſque à la Romaine.

ARLEQUIN.

PIRITHOUS.

POLICHINELLE.

SCARAMOUCHE.

PIERROT.

CONJURE'S, caracteriſés comiquement en Abbés & autres figures d'Auteurs.

DANSEURS & DANSEUSES, en caracteres comiques.

La Scene eſt ſur le Mont-Parnaſſe.

PARODIE.

PARODIE,
TRAGICOMEDIE.

Le Théatre repréſente le Mont-Páïnaſſe ; Pé-
gaſe à l'Attelier dans un coin, un ou deux
Caſſés au pied de la Montagne.

SCENE PREMIERE.

PARODIE, ARLEQUIN.

ARLEQUIN.

On jour Fille de Momus, aimable Parodie ; que vous avez l'air
content ?

PARODIE.
J'ai bien ſujet de l'être, mon cher ami.

Air 8. *Tarare ponpon.*

Qui pourroit m'inspirer une sombre tristesse .
Dans un jour de Triomphe, au milieu des plaisirs?

On va dans un moment me couronner par
l'ordre d'Apollon.

ARLEQUIN.

De Lauriers apparemment ?

PARODIE.

Non, de Barbeaux.

ARLEQUIN.

Quoi, de ces petites fleurs bleuës, qui
se cueillent parmi les bleds?

PARODIE.

Justement : ce sont des fleurs de mode
& de saison ; elles conviennent à Parodie.

ARLEQUIN.

Tous les habitans du Parnasse ne chom-
meront pas votre fête de bon cœur. Melpomene sur-tout va larmoyer , & nous dé-
ployer tous ses mouchoirs.

PARODIE. *Imité d'Heraclius.*

Eh ! que m'importe? allons , marchons tambour
batant,
Et montrons Parodie au Public qui l'attend.

Air 63. *Talaleri, talaleri, talalerire.*

Je ne dois pas me mettre en peine ,

Ni chercher à me corriger,
De vexer un peu Melpomene ;
Sou métier eſt de s'affliger,
Mon métier à moi c'eſt d'en rire.
Talaleri ,
Talaleri ,
Talalerire.

ARLEQUIN.

Vous débitez à la fois de la Proſe, des
Vers heroïques, & des Vaudevilles ; quel
ſalmigondis !

PARODIE.

Ne dois-tu pas ſçavoir, mon cher Arlequin, que tous les ſtyles m'appartiennent,
& que je ſuis en droit d'employer dans une
Capilotade comique, juſqu'aux Vers de Racine & du grand Corneille ?

ARLEQUIN.

Mardi vous avez-là de beaux privileges ?
c'eſt dommage qu'on vous les conteſte.

PARODIE.

On a beau me les conteſter, on ne les
abolira jamais ; la critique eſt mon Domai-
ne, il n'eſt point d'Auteur qui ne me doive des cens & rentes, & j'ai ſur tous les
Ouvrages, ſoit en Vers, ſoit en Proſe, un
hypoteque géneral & ſpécial.

ARLEQUIN.

Sur ce pied-là vos revenus ſont aſſez mal hipotéqués.

PARODIE. Air 6. *Tout cela m'eſt indifferent.*

Tout cela m'eſt indifferent.

ARLEQUIN.

Cependant je vous trouve fort heureuſe de parler toutes les Langues du Théatre ; pour moi , je n'entends ni la Proſe , ni les Vers.

PARODIE.

Bon bon , tu te moques : rien n'eſt plus aiſé que de prendre le ton de Melpomene... choiſis pour ton apprentiſſage quelque ſituation vive , patetique , interreſſante ; là , de ces morceaux qui touchent même dans la bouche d'un Acteur ſubalterne.

ARLEQUIN.

Oüi-da ; je vais vous faire un reproche tendre au ſujet de la Foire ſaint Germain derniere ; eſſayons. * Il faut auparavant me dreſſer ſur mes ergots.

Il déclame d'un ton héroïque.

Madame , vous avez ſervi Polichinelle ,

---

* Arlequin prend une contenance de Heros de Théatre , marche & ſaluë Parodie à la Romaine.

Et fruſtrant Arlequin d'une charge nouvelle,
Vous avez de flon flon chamarré* Nitetis.

PARODIE *ſur le même ton.*

Non je ne croyois pas t'offenſer, mon cher fils.

ARLEQUIN. *Imité d'Andromaque.*

Ah ! que vous ſçaviez bien , cruelle . . . . . mais ma
     Reine ,
Chacun peut à ſon gré diſpoſer de ſa veine ,
La vôtre étoit à vous . . . c'eſt un fait très-certain ;
Vous l'avez pû prêter ſans me faire un larcin . . .
Grands Dieux ! ** funeſte ſort ! . . . fortune im-
     pitoyable !
Où ſuis-je ? je m'égare , Madame enſei-
gnez-moi mon chemin.

PARODIE.

Ma foi le coturne ne te ſied pas mal , &
on feroit de toi un fort honnête confident.
Mais j'apperçois la dolente Melpomene...

ARLEQUIN *heroïquement.*

Où donc eſt la Princeſſe ? aurois-je la berluë ?

PARODIE.

La voilà.

* Tragédie dont on joüoit alors la Parodie aux
Marionnettes.

** S'embroüillant & changeant.

ARLEQUIN. *Vers d'Andromaque.*
Daigne-t'elle sur nous tourner au moins la vûë ?
Quel orgueil !

PARODIE.
Elle va m'ennuier ; sauvons-nous.

SCENE II.

PARODIE, ARLEQUIN, MELPOMENE *à la Romaine*, *le Mouchoir à la main.*

ARLEQUIN.

AH ! laissez - lui le tems de vous chanter sa
game,
Parodie arrêtez.....

MELPOMENE *arrêtant Parodie.*
Imité d'Andromaque.
Où fuyez-vous, Madame ?
N'est-ce point à vos yeux un spectacle assez doux,
Que Melpomene en pleurs, tombante à vos ge-
noux ?

Elle se met aux genoux de Parodie.
ARLEQUIN *la contrefaisant.*
Voulez-vous un Coussin ? le pavé n'est pas tendre.

PARODIE *la relevant. Vers d'Andro-*
maque.

Madame, en cet état, je ne puis vous entendre.

ARLEQUIN. Air 34. *Mon pere je viens*
devant vous.

> Que vois-je ? quel prodige , ó Dieux !
> Eſt-il bien vrai ? quoi Parodie
> Vient de relever à mes yeux
> La Muſe de la Tragedie !

PARODIE.

> Quand elle tombe , par ma foi,
> On ne doit pas s'en prendre à moi.

MELPOMENE. *Imité d'Andromaque.*

Par vos mains , par vos traits , hélas ! j'ai vû percer
Cent tragiques Heros que j'avois ſçû dreſſer ;
Vous avez à Momus , folâtre Parodie ,
Immolé ſans pitié plus d'une Tragédie.
Il me reſte un ſujet , vous ſçaurez quelque jour ,
Pour un Auteur chéri juſqu'où va notre amour ;
Mais vous ne ſçaurez pas , du moins je le ſouhaite ,
En quel trouble mortel ſon interét nous jette ,
Quand de tous les enfans qui pouvoient nous flatter
C'eſt le ſeul qui nous reſte , & qu'on veut nous l'ôter.
Je ſçai , de ce rimeur , quel ſeroit le ſuplice ,
Je ſçai que le bon ſens demande qu'il périſſe ;
Madame on veut ſa chute , y conſentirez-vous ?
Ah ! me faut-il tout perdre , & toûjours par vos
coups ?

PARODIE. *Imité d'Andromaque.*

Plaignez-vous au Parterre, attendriffez fon ame,
Faites-le prononcer, j'y foufcrirai, Madame.

ARLEQUIN *héroïquement.*

Bon foir.

SCENE III.

MELPOMENE *feule. Imité de Rodegune.*

Difcours fallacieux ! falutaire contrainte,
 Que m'impofa la force , & qu'accepta ma
  crainte ,
Heureux déguifement d'un trop jufte couroux,
Me voilà fans témoins , évanouiffez-vous.
Il eft tems d'immoler cette fiere ennemie,
Qui cherche les honneurs dedans mon infamie.
Terminons dans ces lieux , & fa gloire & fon fort,
Elle y cherche un laurier, qu'elle y trouve la mort.
Cent Auteurs mécontens ferviront ma vengeance,
Courons dans les Caffés . . . Mais Furius avance,
Il va me détailler la confpiration ,
Il eft armé déja . . . que fa précaution ,
Flatte mes vœux !

SCENE

SCENE IV.

MELPOMENE, FURIUS,

MELPOMENE. *Imité de Cinna.*

EH! bien, mon cher, votre assemblée,
Par l'effroi du péril n'est-elle point troublée ?
Et reconnoissez-vous au front de vos amis
Qu'ils soient prêts à tenir tout ce qu'ils m'ont
  promis ?

FURIUS.

Jamais, au grand jamais, entreprise conçûe
Ne permit d'esperer une si belle issue ;
Et tous font éclater un si puissant courroux
Qu'ils semblent tous venger leurs Vers ainsi que
  vous.

MELPOMENE.

Je l'avois bien prevû que pour un tel ouvrage
Furius choisiroit des Auteurs de courage,
Et ne commetroit pas en de timides mains
Le sort de Melpomene & celui des Romains.

FURIUS

Plût aux Dieux que vous-même eussiez vû de quel
  zele

Cette troupe entreprend une action si belle !
Au nom de Parodie on les auroit crû fous ;
Vous eussiez vû leurs yeux s'enflamer de courroux ;
Et dans un même instant, par un effet contraire,
Leur front palir d'horreur & rougir de colere.
Auteurs, leur ai-je dit, voici le jour heureux,
Qui doit conclure enfin nos desseins genereux :
Préparez vos couteaux & d'une main hardie,
Sur son Char de Triomphe immolons Parodie.
Portons des coups mortels à ce monstre inhumain,
Qui fait souvent trembler le plus fier Ecrivain.
Là par un long recit de toutes les miseres
Qu'au Parnasse autrefois ont déploré nos Peres,
J'autorise leur haine, & par ce souvenir
Je redouble en leurs cœurs l'ardeur de la punir.
Je leur fais des Tableaux de ces tristes Batailles
Où de tant d'Opera l'on vit les funérailles ;
Où la plume à la main rimeurs contre rimeurs
Combattoient follement au gré des spectateurs.
Vous dirai-je les noms de ces grands personnages
Dont j'ai peint les affronts pour aigrir leurs courages ?
De ces fameux proscrits, parlants par Madrigaux,
Que Parodie osoit transformer en nigauds ?
Le poly * Romulus, qui n'enleve une belle
Que pour passer son temps à pleurer auprès d'elle ?
Inez ** en paysane habillée à Chaillot,
Oedipe *** en vers, en prose, également falot....

* Pierrot Romulus.
** Agnès de Chaillot.
*** Le Chevalier errant.
Parodies de trois Tragedies de Monsieur de la Motte.

Mais pourrois-je vous dire à quelle impatience,
A quels fremissemens, à quelle violence,
Ces indignes affronts, quoique mal figurés,
Ont porté les esprits de tous nos conjurés ?
Je n'ai point perdu temps, & voiant leur colere
Contre les lanturlus, en état de tout faire,
J'ajoute en peu de mots ; Amis, tous nos malheurs,
La perte de nos Vers, & de nos parts d'Auteurs ;
Le coturne brisé, l'insolent Vaudeville
Le mettant en pantouffle à l'aide d'un Jean-Gille,
Sont les degrés honteux, dont on a fait le choix
Pour monter sur le Trône & nous donner les loix.
Mais nous en allons voir descendre Parodie :
Pour lui porter des coups que chacun s'étudie.
Faisons, puisqu'on la tient dans le Sacré Vallon,
Justice à tout le monde en face d'Apollon.
Là Momus, qui toûjours en a fait son idole,
Prétend nous attacher au Char de cette folle ;
Mais je veux pour signal que cette même main
Lui donne au lieu d'encens d'un ganif dans le sein.
A peine ai-je achevé, que chacun renouvelle,
Par un gros jurement, le vœu d'être fidelle.
L'occasion leur plait, mais chacun veut pour soi
L'honneur du premier coup que j'ai choisi pour moi.
Il m'est dû, * car je suis l'honneur de la Marotte :
J'ai publié par tout les loix de la Calotte.
Quel autre mieux que moi, Scribe du Régiment,

* Furius se dit Secretaire du Regiment de la Calotte.

A de Brevets malins, rempli fon fourniment?
Voilà tout au plus jufte, à quel point nous en
    fommes.
J'attends ici la haine ou la faveur des hommes,
Et je ferai nommé par plus d'un fpectateur,
Ou bien Parodicide, ou bien Liberateur.

MELPOMENE.

Ne crains point de fuccès qui fouille ta mémoire,
Le bon & le mauvais, font égaux pour ta gloire *.
Qu'entens-je ? juftes Dieux !

FURIUS.

C'eft le Parterre qui vient ici, tâchons
de l'enroller dans la conjuration.

* On entend chanter dans la couliffe.

SCENE V.

MELPOMENE, FURIUS; LE PARTERRE.

LE PARTERRE *appercevant Melpomene qui soupire. Air* 25. *petit Boudrillon.*

AH ! c'eft vous Melpomene ,
Egayez vos chanfons
boudrillon

MELPOMENE.

Hélas ! hélas !

LE PARTERRE.

Qui vous fait de la peine ?
Contez-moi vos raifons
boudrillon :
Et grande boudrillon ,
Boudrillon don daine ,
Et grande boudrillon ,
Boudrillon don don.

MELPOMENE.

Quoi toûjours chanfonner ! Parterre impitoyable ;
Eh ! de grace quittez ce ftile méprifable . . . . .

T iij

PARODIE,

F u r i u s *bas à Melpomene.*

Parlez-lui vîte de la conjuration ; il faut absolument le gagner.

M e l p o m e n e *au Parterre.*
Imité de Mithridate.

Approchez-vous, Parterre: enfin l'heure est venuë,
Qu'il faut que mon secret éclate à votre vûë.
A mes justes desseins, je vois tout conspirer
Il ne me reste plus qu'à vous le déclarer.
Je fuis, ainsi le veut la fortune ennemie,
Mais vous sçavez trop bien l'histoire de ma vie,
Pour croire que long-tems, bornée à me cacher,
J'attende loin de vous qu'on me vienne chercher.
La Scene a ses faveurs, ainsi que ses disgraces ;
Déja plus d'une fois retournant sur mes traces,
Paris entier m'a vû par de nouveaux Auteurs,
Regagner son suffrage, & lui coûter des pleurs :
Et chassant les sifflets d'un nombreux Auditoire,
Recevoir de ses mains le prix de ma victoire.
D'autres tems, d'autres soins : le Theatre accablé,
Ne peut plus soûtenir un effort redoublé.
Parodie en riant y produit le tumulte,
Il n'est plus de Heros que le couplet n'insulte . . . .

F u r i u s.

Noyons-la dans son sang justement répandu,
Brisons, brisons son Char où j'étois attendu :
Détruisons ses honneurs, & faisons disparoître,

Pirithoüs *, ta honte & la mienne peut-être ;
Et la flame à la main effaçons tous ces noms
Que Parodie expose à d'éternels affronts.

MELPOMENE.

Ne vous figurez pas que de cette railleuse
On ne puisse dompter la critique orgueilleuse:
Je sçais tous les chemins par où je dois passer
Pour aller à son Char & pour le renverser.
Des Auteurs avec moi l'Alliance jurée
Doit me livrer près d'elle une facile entrée ;
De Caffés en Caffés rassemblant mille bras,
Nous verrons le parti grossir à chaque pas.
Modernes, Anciens, tous rancune tenante,
Tous n'attendent qu'un chef contre l'impertinente.
Mais si vous voulez bien pousser jusqu'au Préau,
Trône de Parodie ainsi que son berceau ;
Là ses tristes voisins, qu'appauvrit son ramage,
Perdent tous leurs chalans qu'elle arrête au passage ;
C'est là qu'en arrivant, plus qu'en tout le chemin,
Vous trouverez partout l'horreur du chant Forain.
Parodie inspirant les haines les plus fortes,
Tes plus grands ennemis, Foire, sont à tes portes.

LE PARTERRE à part.

Pour sçavoir leur secret aprouvons leur courroux.

Haut & vivement.

Ah ! le Parterre veut conjurer avec vous ;

* On joüoit l'Opera de Pirithoüs.

T iiij

De votre arrangement inſtruiſez-moi de grace.

FURIUS.

Nous avons ameuté l'élite du Parnaſſe,
Les grands réformateurs de l'Empire des Vers,
Qui veulent malgré lui détromper l'univers ;
Et lui prouver au bout de quatre mille années,
Que ſes gouts ſont mauvais, & ſes clairtés bornées ;
L'exact Griffonius, qui toûjours nous inſtruit
Des Regles du Theatre, & jamais ne les ſuit :
Monſieur Vétillardet, Docteur en Particules,
Qui range avec tant d'Art les points & les virgules;
Et qui de la Grammaire eſclave ſtudieux
Fait métodiquement des vers très-ennuieux.

LE PARTERRE.

Eſt-ce tout ?

FURIUS.

Nous avons des Partis bleus cauſtiques,
Peu ſoigneux de leur peau, Maraudeurs ſatiriques ;
J'en ſuis le Chef. *Item* Bouquinidés, Lucrin,
Chevillardus, Fadet, Soporifere ; enfin,
(Et voici ce qui fait le bon de notre affaire,)
Les humbles Précepteurs de Corneille & d'Homere.
De tant d'autres ligués vous connoiſſez le prix.....

LE PARTERRE.

Avec eux vous pourriez aſſommer tout Paris.
Certes, jamais Cinna, voulant tuer Auguſte,
Cherchant des conjurés, ne fit un choix plus juſte.

De ces Confreres-là , je suis parbleu charmé.

FURIUS.

Le reste ne vaut pas l'honneur d'être nommé.

LE PARTERRE *feignant de la colere.*

Air 26. *Joconde.*

C'en est fait , je veux figurer
Dans cette Tragédie ;
Avec vous je veux conspirer ,
J'abjure Parodie.
On a vû condamner cent fois
Cette peste publique ,
A la pluralité des voix
Du Sénat dramatique.

FURIUS.

Vraiment , si on la laissoit vivre , que
ne diroit-elle pas à présent des Odes & * des
Tragedies en prose ?

LE PARTERRE.

Air 121. *Ma Pinte & ma mie ô gay.*

Dès qu'en prose on écrira
Pour le Dramatique ,
En nouveautés brillera
La Scene tragique :
Nous avons plus d'un Auteur

---

* Les Odes & Tragédies en Prose font postericures à cette
piéce , & ceci est un Anacronisme , mais Virgile en a donné l'exemple.

Tout embrasé de l'ardeur
Du feu Profaique,
 O gai,
Du feu Profaique.

FURIUS.

Air 7. *Ton himeur eft Cathereine.*

Une Tragedie en profe
Eft digne de Ciceron ;
Et quand telle œuvre on compofe
On obtient le Chaperon.
Mais l'Ode en Profe, au Parnaffe
Quel Phénomene éclatant !
Jamais ce nigaud d'Horace
N'eut l'efprit d'en faire autant.

LE PARTERRE.

C'étoit un bon innocent auprès de nos fubtils Modernes. Adieu, comptez fur moi, je vais éguifer mes couteaux.

A part. Allons informer Parodie de leur confpiration.

SCENE VI.

MELPOMENE, FURIUS.

FURIUS.

JE ne sçais , Madame Melpomene , si
nous avons trop bien fait de confier au
Parterre nos projets contre Parodie ; n'est-
ce point là se confesser au Renard ?

Il est bon de penser....

MELPOMENE. *Imité du Cid.*

Que sert de discourir ?

FURIUS.

Madame assurons-nous ....

MELPOMENE.

As-tu peur de mourir ?
Poëte , as-tu du cœur ?

FURIUS.

Tout autre qu'une Muse
L'éprouveroit sur l'heure ......

MELPOMENE.

Ah ! je te dois excuse ,
Et l'on ne fait jamais pareille question...

FURIUS.

Surtout à moi : je suis connu dans * l'action.

Mais je vous pardonne. Quoique je sois vindicatif, je ne suis pas méchant. Allez animer les conjurés par vos patetiques exclamations ; & moi je vais épier ici les partisans de Parodie, & tâcher d'engager les passans dans la conspiration ; c'est ici un des grands chemins du Parnasse.

MELPOMENE. *Imité d'Andromaque.*

Soulevez vos amis . . . . . .

FURIUS.

Je n'en ai pas, Madame.

MELPOMENE.

Quoi ! vous que l'on connoit pour une si bonne ame,
Vous n'avez point d'amis ! tous les miens sont à vous;
Parodie & nous choque & nous méprise tous.
Si vous la rencontrez, prenez bien votre belle,
Revenez tout couvert du sang de l'Infidelle . . . .

* Il fait le lazzi d'avoir été battu.

SCENE VII.

FURIUS *feul.* *Imité du* CID.

Percé jufques au fond du cœur
D'une atteinte prévûë & toutefois mortelle,
Miferable vangeur
D'une jufte querelle,
J'en crains très-fort le dénouement.
Dois-je compter fur le Parterre ?
Il m'a paru qu'il parloit en Normand....
Ah ! lorfqu'à Parodie on livrera la guerre,
Il tournera cafaque, & pour nous ce fera
Un furieux coup de tonnerre.
C'eft fur moi feul qu'il tombera.
Sur la Scene attendu, fi Parodie échappe,
Peut-être je deviens le premier qu'elle frappe ;
Et c'eft fait de mon Opéra.

Mais je vois un de nos plus ardens Conjurez, c'eft * Pirithoüs. Vient-il débiter ici quelque Monologue nouveau ?

* On joüoit alors Pirithoüs.

SCENE VIII.

FURIUS, PIRITHOUS *avec*
un Corſclet de Fer & un Sabre à la main.

PIRITHOUS. Air 145. *Menuet du Prologue de Pirithoüs.*

QU'on admireroit,
 Qu'on chériroit
Un art qui rendroit
Très-chaud un Auteur très-froid !
Qu'on admireroit,
Qu'on chériroit
Qui tout calmeroit,
Quand tout fiffleroit !
L'Opéra plairoit,
Sans ceſſe on le donneroit.
Comme on danſeroit !
Et comme on fredonneroit !
Vertuchou ! quel bon tems ce feroit !
Comme on rimeroit !
Si Parodie expiroit,
Rien ne contraindroit
Un Auteur de marcher droit ;
On verſifiroit

Moins à l'étroit :

* Que je ferois de gambades !

FURIUS. *Air 43. Vous m'entendez-bien.*

Pirithoüs où allez-vous ?
Vous allez vous caffer le cou.

PIRITHOUS.

Ah! vous voilà Monfieur Furius ; je fuis
à des vôtres, vous le fçavez.

FURIUS *ironiquement.*

Cela fortifie grandement notre parti.

PIRITHOUS.

Oh! je ne me laifferai plus manger la laine
fur le dos, comme j'ai fait dans le Serdeau
** des Théatres.

Air 46. De mon pot je vous en répond.

Depuis Pâques mon garçon
Je ne fuis plus fi bon ;
Que direz-vous de l'encolure
D'un Conjuré de ma figure ?

FURIUS.

Du jarret *** je vous en répond ,

* Pirithoüs après quelques caprioles fait un faux pas.
** Où étoit la Parodie de Pirithoüs.
*** Les Airs de danfe brilloient plus que le récitatif.

Mais du gofier, non, non.

PIRITHOUS.

O ça , quand faut-il batailler ? quand
verrons nous arriver le triomphe, ou plûtôt le trépas de Parodie ?

Air 65. *Va-t'en voir s'ils viennent*, Jean.

Ici fans perdre un moment

Il faut la furprendre ; . . . .

Les Conjurés * promptement

Devroient bien s'y rendre . . . .

FURIUS.

Va-t'en voir s'il viennent, Jean. . . .

Jean . . . tu dois m'entendre.

* *D'un air inquiet.*

SCENE IX.

FURIUS *feul.*

JE crains fort que Pirithoüs ne lâche le
pied dès qu'il verra feulement Parodie ;
elle l'a fi bien accommodé qu'il doit s'en
fouvenir . . . . Mais la voilà ; le tyran du
Parnaffe approche , allons raffembler les
Conjurés.

SCENE

SCENE X.

PARODIE, LE PARTERRE.

PARODIE *entrant la premiere.* Air 119,
Des Fêtes de Thalie, Acte I. Scene III.

Air 163.

Rire, danser, chanter est mon partage,
C'est là tout le prix de mes jeux.... *

LE PARTERRE. Air 48. *Le bon branle.*

Oh ! vraiment vous allez bien-tôt
Danser un autre branle......

PARODIE. Air 21. *Morguienne de vous.*

Morguienne de vous
Parterre, Parterre,
Morguienne de vous
Quel corps êtes vous?

Vous m'interrompez dans mes occupa-
tions les plus serieuses.

LE PARTERRE. Air 129. *La bonne*
avanture ô gay.

Sçachez que plus d'un Auteur

* Elle danse.

Contre vous conjure :
Dans un inftant leur fureur
Pourra bien vous faire peur....
La bonne avanture
O gay,
La bonne avanture !

LE PARTERRE.

Pefte de l'écervelée ! écoutez, ma chere Parodie ; cette avanture-là n'eft pas fi bonne que vous le penfez, le péril eft certain & redoutable..... Il n'y a pas un moment à perdre.

Air 62. *Mariez, mariez, mariez-moi,*

Vous allez voir dans ces lieux
Tomber fur vous la Cohorte
Des Poëtes ennuyeux. ...

PARODIE *riant.*

Leur troupe doit être forte ...
Je me ris, je me ris, je me ris d'eux.

LE PARTERRE.

La colere les tranfporte ...

PARODIE.

Je me ris, je me ris, je me ris d'eux,
Ils ne font pas dangereux.

LE PARTERRE.

Malepefte ! je vois bien que vous connoiffez moins les Auteurs que leurs fottifes.

Apprenez, ma mie, que rien n'eſt ſi rancu-
nier que ces Meſſieurs-là; ils ſe croient tout
permis pour ſe venger, quand ils ſe figurent
qu'on a manqué de reſpect à leurs talens ;
oüi, ſoyez perſuadée que lorſqu'on eſt
aſſez témeraire pour oſer parodier le moindre de leurs Ouvrages, ils condamneroient
volontiers le critique au feu, que merite le
Poëme critiqué.

PARODIE *riant.*

Au feu ! cela n'eſt pas ſain.

SCENE XI.

PARODIE, LE PARTERRE, PIERROT.

PIERROT.

Air 37. *Aux Armes Camarades.*

AUx Armes, Parodie,
Les Auteurs ſont bien près,
J'entens des Sifflets ;
Aux Armes, Parodie,
Hâtez-vous, préparez vos traits.

LE PARTERRE *à Parodie.*

Je vous l'avois bien dit.

V ij

PIERROT.

La superbe Melpomene a quitté son mouchoir pour prendre une pique, vous l'allez
voir paroître avec un quarteron de faiseurs
de Vers...

PARODIE. .

Air 31. *Gardons nos Moutons , lirette liron.*
Dieu sçait, comme on les recevra,
Je prévois leur défaite . . . .

PIERROT *à part.*

Mordi se batte qui voudra,
Pour moi , je fais retraite :
Sauvons mon juppon ,
Lirette liron ,
Sauvons mon juppon,
Lirette. . . . .   *Il s'enfuit.*

PARODIE.

A moi , Scaramouche, à moi, à moi Polichinelle , à moi Arlequin , à moi la maison
de Momus...

SCENE XII.

PARODIE, LE PARTERRE, MELPOMENE.

MELPOMENE *au fond du Théatre.*
Imité de Bajazet.

QU'étes vous devenus, Auteurs defefperés ?
Mais quoi n'attendons pas de fi froids conju-
rés . . .
Quoique feule attaquons ma rivale éperduë ,
Et prenons la vengeance enfin qui nous eft duë.

LE PARTERRE *arrêtant Melpomene qui*
frappe Parodie avec fon poignard.

Tout beau.

MELPOMENE.

Quoi ! tout prend fa défenfe , & toi Parterre auffi !

PIERROT *revenant au fond du Théatre.*

Parodie eft-elle morte ? non , le Parterre
ne l'a pas abandonnée , il n'y a plus rien à
craindre ; avançons courageufement.

Air 86. *En avançant près de Parodie , & re-*
gardant ironiquement Melpomene.

Ah ! mon Dieu que de jolies Mufes

Que l'on voit ici ...

PARODIE. *Imité de Bajazet.*

Melpomene, pourquoi ce barbare complot ?
Vous brillez fur la Scene * & je ne vous dis mot.

MELPOMENE *tirant un papier de fa poche.*

Vous voyez dans mes mains , votre audace fuprème.

PARODIE.

Et que vous mande-t'on ?

MELPOMENE.

Voyez , lifez vous-même ,
Vous connoitrez , Madame , un ftile fi badin.

PARODIE *regardant le papier.*

D'un Auteur poliffon , je reconnois la main.

A Pierrot.

Tiens , Pierrot , lis toi qui eft mon premier Secretaire.

PIERROT *lifant.*

Chanfon pitoyable & récréative fur une
fille qui s'eft mariée fans en parler à fa Mere.

Air 50. *Le Mirliton.* **

A Paris eft une Dame,
Dans le Fauxbourg faint Germain ;

---

* On jouoit alors Inés de Caftro, & Agnés de Chaillot
n'avoit point encore paru.

** Ce font là les premiers couplets qu'on ait fait après la
chanfon du **Pont-Neuf.**

Pour elle on court, on s'enflame,
J'ai voulu la voir enfin :
    J'ai vû mirliton,
    Mirliton, mirlitaine,
    J'ai vû mirliton,
      Don don.

Le Parterre.

Je connois cette aimable personne-là ;
elle n'est emmênagée * que du terme de
Pâques. Continuez Pierrot.

Pierrot. Air *idem* 50.

Cette Dame est fine & sage;
Pour interresser les gens,
Et prouver son mariage
Elle produit des enfans :
    Et du mirliton,
    Mirliton, mirlitaine,
    Et du mirliton
      Don don.

Le Parterre.

Elle fait bien : peut-on douter du mariage
d'une personne qui a des enfans ?

Pierrot. Air *idem.*

Que cette avanture brille,
Et qu'elle attendrit les cœurs !

* On n'a joüé Inés qu'après Pâques.

On pense voir * la famille
De Citron dans les plaideurs.
   Que de mirliton ,
  Mirliton , mirlitaine!
   Que de mirliton ,
     Don don.

M E L P O M E N E. *Imité de Phédre.*

C'en est trop ! je succombe ! ô Muse infortunée !
Ce fer auroit déja tranché ma destinée
Si je pouvois mourir.

P A R O D I E.

              Imitez vos Héros ,
Ils n'en font que semblant.

L E P A R T E R R E *à part.*

              Comme elle a le cœur gros !

M E L P O M E N E.

Je ne puis aller loin ; je frémis ! je frissonne !
Je ne me soûtiens plus , ma force m'abandonne . . .

P A R O D I E.

à Pierrot.   *à Melpomene.*

Soutenez-là Pierrot ,   Eh ! devroit-on vous voir ,
Sans une confidente , & sans un grand mouchoir?

M E L P O M E N E.

Je sentirai toujours dans mes brûlantes veines
Le poison des couplets qni font toutes mes peines.

* Les enfans d'Inés.

                          Déja

Déja jufqu'à mon cœur le venin parvenu
Sur mes vers les plus beaux jette un froid inconnu.
Déja je ne vois plus qu'à travers un nuage
Le monftre chanfonnier qui fans ceffe m'outrage....
Hélas !

PARODIE *gravement.*

Conduifez-la, Gardes, où vous voudrez....*

LE PARTERRE *à Parodie.*

Allons bon pied, bon œil, je vois les Conjurés.

*Pierrot emmene Melpomene.

SCENE XIII.

PARODIE, LE PARTERRE, ARLEQUIN.

ARLEQUIN.

REmettez-vous, c'eft moi ; mais la Cohorte
avance.

PARODIE.

Quoi deux perils de fuite ! ah ! c'eft une ignorance.
Allons pour reprimer ces modernes Titans,
* Je veux tenir confeil, faites venir les grands....

* Vers pris d'Inés.

Tome II. Parod. Tragi-Comedie. X

A R L E Q U I N *appercevant Pierrot , Scara-*
mouche & Polichinelle.

Ma Reine les voilà.

S C E N E X I V.

PARODIE, LE PARTERRE, ARLE-QUIN, PIERROT, POLICHI-NELLE, SCARAMOUCHE. ·

P I E R R O T *à Parodie.* Air 4. *Voici les Dragons qui viennent.*

V Oici les Auteurs qui viennent
Maman cachons-nous.

P A R O D I E.

Soit, cachons nous; mais pour les surprendre : lorsqu'il faudra donner je sonnerai
la trompette.

A R L E Q U I N.

Et moi je joüerai de la flûte * à l'oi-
gnon.

P I E R R O T.

Motus : je tremble.

Instrument à la mode dans ce tems là.

LE PARTERRE.

Que peux-tu craindre quand je suis ici ?
le Parterre seul n'est-il pas capable d'épouvanter une Armée de Poëtes.

Ils se retirent tous dans un des côtés du Théa-
tre. Furius arrive à la tête des Conjurés.

SCENE XV.

PARODIE, LE PARTERRE, ARLE-
QUIN, PIERROT, POLICHI-
NELLE, SCARAMOUCHE, FU-
RIUS, BOUQUINIDE'S, CON-
JURE'S.

FURIUS *troublé.*

Dieux ! qu'est-ce que j'entens ? quoi donc, ingrat
    Parterre ,
Nous te flattons toûjours , & tu nous fais la guerre !

LE PARTERRE.

Bon , bon , le Parterre ne se pique pas
de reconnoissance ; il siffle sans quartier le
lendemain un Auteur qui l'a diverti la veille.

X ij

ARLEQUIN.

Voilà un bon petit cœur.

LE PARTERRE *aux Conjurés tremblans.*

Allons tirez, Meſſieurs les mutins, obéiſ-
ſez à votre Maître, faites place au Théatre.

ARLEQUIN *les battant.*

Je vais reconduire le deüil.

SCENE XVI.

LE PARTERRE, PARODIE, ARLEQUIN, PIERROT, FU-RIUS, BOUQUINIDE'S.

BOUQUINIDE'S.

à Furius qui a des tranſports.

ON brave dans ces lieux votre impuiſſant courroux ;
Voilà notre chemin, décampons, ſauvons-nous.

FURIUS. *Imité des fureurs d'Oreſte dans Andromaque.*

Non, non, c'eſt Melpomene, ami que je veux ſuivre;
A ſon dernier affront, je ne puis plus ſurvivre.
Partez, je veux mourir,

BOUQUINIDE's.

Il tombe en pamoison !

ARLEQUIN.

Qu'on apporte à Monsieur, sa tasse de poison.

FURIUS. *Imité du même.*

Grace aux Dieux mon malheur passe mon espe-
rance !

Je te loüe, ô Public, de ta perseverance ;

Appliqué sans relâche au soin de chicanner,

Indigne des morceaux que je te veux donner,

Cruel ! tu prens plaisir à former des critiques.

J'étois né pour servir de but aux traits caustiques,

Pour être au Vaudeville un modéle accompli :

Eh bien, qu'on me chansonne, & mon sort est
rempli.

PARODIE.

Voici les fureurs d'Oreste en détrempe.

FURIUS *transporté.*

Où sont-ils ces Auteurs que Parodie employe ?

Dans leur encre maligne, il faut que je les noye...,

Quelle horreur me saisit ? grace au Ciel j'entrevoi..

Que de Cornets brisés coulent autour de moi !

PIERROT.

Prenez donc garde, vous allez noircir
mon habit.

BOUQUINIDE's *à Furius.*

Monsieur.......

X iij

FURIUS.

Quoi Parodie , on te revoit encore ?
Trouverai-je partout , un objet que j'abhorre ?
Comment de tant de coups, ton sein s'est-il sauvé ?
Tiens, voilà le soufflet que je t'ai reservé . . . *

PIERROT *se quarrant.*

Il me prend pour Madame Parodie.

FURIUS.

Allons . . . mais je retombe encor dans le Par-
terre . . .
Il s'agite , il s'émeut . . . sa voix est un tonnerre ;
Rien ne peut arrêter ses cris tumultueux,
Rien ne peut ralentir ses flots impétueux . . .
Eh bien , Parterre ingrat , vos mains sont - elles
prêtes ?
Pour qui sont ces sifflets ? . . . . quel bruit ! quelles
tempêtes !
Qui diantre a barboüillé les Elemens ? morbleu !
Quel cahos ! quel désordre ! on glace ** dans le
feu . . . .
Je ne puis plus parler . . . . . ma langue en vain
s'essaye . . .
Vox faucibus hæsit . . . c'en est fait, je begaye . . .
Parodie en riant va bien me déchirer ;

* Il donne un soufflet à Pierrot.
** L'Opera joüoit le Ballet des Elemens, & l'Acte du feu
a paru le plus froid.

Et je lui porte enfin, mes Vers à dévorer. *

PIERROT à *Parodie.*

Cet Auteur peut fort bien, sans tarder davantage,
Aux petites Maisons transporter son ménage ;
Le drôle pour jamais, en dépit de vos soins,
A perdu sa raison . . .

PARODIE.

* Furius sort avec Bouquinidès, qui le soutient.

SCENE DERNIERE.

LE PARTERRE, PARODIE,
& sa suite.

LE PARTERRE.

COmmençons le triomphe de Parodie ;
en dansant un branle sur le champ de
bataille où nous avons remporté la victoire.

*Les Comiques se prennent par la main, &
forment une danse autour de Parodie.*

X iiij

PIERROT. Air 121. *Ma pinte & ma mie ô gay.*

Vien, Momus, avec ta Cour,
Viens, Pierrot t'en prie ;
Et qu'ici dans ce beau jour
Tout danfe & tout rie :
Ah ! quelle felicité !
Nous chantons en liberté
Vive Parodie
    O gay,
Vive Parodie.

Chœur.

Ah ! quelle felicité ! &c...

PIERROT.

Quand par malheur l'Opera,
D'une pfalmodie,
Votre oreille attriftera,
On y remedie.
C'eft à l'Hôtel d'Arlequin ;
Pour bannir votre chagrin,
Voyez Parodie
    O gay,

Voyez Parodie.

Chœur.

C'eſt à l'Hôtel , &c.

PIERROT.

Qu'ailleurs on puiſſe bâiller ,
Mais qu'ici l'on rie ,
Il eſt juſte de railler
Ce qui vous ennuie ;
Nous ne pinçons les Héros
Que quand nous les trouvons ſots ;
Vive Parodie
    O gay ,
Vive Parodie.

Chœur.

Nous ne pinçons &c.....

ARLEQUIN.

Meſſieurs avant de partir
De la Comedie ,
A-t'on ſçû vous divertir ?
Parlez, je vous prie ;
Le Parterre eſt-il content ?

Chanterez-vous en fortant ?
Vive Parodie
     O gay,
Vive Parodie.

Chœur.

Le Parterre eft-il &c.

F I N.

LES NOCES
D'ARLEQUIN
ET DE
SILVIA,
OU
THETIS ET PELÉE
Déguisés.

Parodie de l'Opera de Thétis & Pelée.

PAR M. DOMINIQUE,
Comedien Italien Ordinaire du Roi.

Représentée pour la premiere fois, par les Comédiens Italiens ordinaires du Roi, le 18. Janvier 1724.

ACTEURS.

BRISEFER, Directeur de la Vallée.
LA RANCUNE, Vendeur de Marée.
Un COMMIS de la Vallée.
SPINETTE, Cousine de Silvia.
SILVIA.
ARLEQUIN petit Commis, Amant de Silvia.
Un COMMIS de la Rancune.
POISSONNIERES dansantes.
ECAILLERS dansants.
Une POISSONNIERE.
ROTISSEURS & ROTISSEUSES.
Un GARÇON Rotisseur.
Un SORCIER.
Plusieurs SORCIERS.
Le DESTIN.
PAYSANS & PAYSANNES Dansans.

LES NOCES

D'ARLEQUIN

ET DE

SILVIA,

SCENE PREMIERE.

Le Théatre repréſente la Riviere.

ARLEQUIN *ſeul chante.*

Parodie du premier Air de l'Opera de
Thetis. Acte I. Scene premiere. Air 146.
Que mon deſtin eſt déplorable.

 Ue mon deſtin eſt déplorable !
Silvia m'aime en vain : un rival redou-
table,
Hélas me l'enleve à jamais ;
Il a ſur la Marée un pouvoir qui m'accable,

Il lui fera fervir , Turbots , Soles , Rougets,
Et moi chetif Commis , amant trop miferable,
Je ne lui puis fervir que des Harangs Sorets.

SCENE II.

SPINETTE, ARLEQUIN.

SPINETTE.

COmment donc Arlequin , je te trouve
feul fur le bord de la Riviere , tandis
que ma Coufine Silvia attend Monfieur de
la Rancune Vendeur de Marée , qui lui a
fait préparer une copieufe Matelotte au
Moulin de Javelles, & les plus beaux Poif-
fons de toute la Halle ? Je m'étonne que
toi qui es fi gourmand , tu ne te trouves
pas là des premiers.

ARLEQUIN.

Hélas ! ma chere Spinette , depuis quelque tems , j'ai perdu l'appétit , je ne fais
plus que quatre repas par jour.

SPINETTE.

Mais tu affifteras du moins à la Fête qu'il
lui va donner fur le bord de la Seine , il a

mandé toutes les Poiſſonnieres de la Halle qui ſont ſous ſa direction, pour venir ici lui donner un divertiſſement à leur maniere.

ARLEQUIN.

Je ne ſuis point curieux de voir cette Fête.

SPINETTE.

Arlequin, vous voulez paroître indifferent ; mais au travers de cette tranquillité que vous affectez, je découvre une paſſion violente qui éclatte malgré vous ; l'amour a beau ſe déguiſer, on le reconnoît toûjours.

ARLEQUIN.

En verité vous me ſoupçonnez mal à propos.

Air 75. *Que je chéris mon cher voiſin.*

Non, mon cœur n'eſt point enflamé,
　Croyez qu'il eſt paiſible.

SPINETTE.

On dit d'un air moins animé
　Que l'on eſt inſenſible.

Vous diſſimulez envain ; je ſuis ſûre que vous aimez.

ARLEQUIN.

Fi donc, que dites-vous-là ? le ſeul mot d'amour me fait rougir.

Air 12. *Quand le peril eſt agréable.*

J'aimerois d'une ardeur fidelle,
Je ſoupirerois à mon tour,
Si je pouvois trouver un jour
Une femme fidelle.

Ergo je n'aimerai de me vie.

SPINETTE.

Vous êtes aſſez aimable pour faire ce
miracle-là, & j'en ſçai qui feroient tous leur
bonheur de vous plaire ; vous êtes beau,
jeune, & bienfait, ce ſeroit conſcience de
trahir un ſi joli garçon.

ARLEQUIN *à part.*

Cette fille-là eſt de bon goût ; cela me
fait plaiſir.

SPINETTE.

Arlequin choiſiſſez ſeulement une Maîtreſſe, ſoyez conſtant, & je vous réponds
de ſa fidelité.

ARLEQUIN. Air 76. *Que faites-vous Marguerite.*

Je crains trop le cocuage,
Pour m'en rapporter à vous,
Il eſt toûjours le partage
Des plus fidéles époux.

SPINETTE, *même* Air.

On craint peu le cocuage,

Quand

Quand on s'en rapporte à nous,
Il n'est jamais le partage
Que des inconſtans époux.

Enſemble.

On craint trop
On craint peu } le cocuage

Quand on s'en rapporte } à vous.
à nous.

ARLEQUIN. Il eſt toûjours,
SPINETTE. Il n'eſt jamais, } le partage.
ARLEQUIN. Des plus fideles
SPINETTE. Que des inconſtans } Epoux.

SCENE III.

SILVIA, SPINETTE, ARLEQUIN.

SPINETTE. Air 19. *Quand on a prononcé
ce malheureux oüi.*

Couſine avec plaiſir nous allons voir la Fête,
Que Monſieur la Rancune aujourd'hui vous
aprête.

SILVIA.

J'eſpere qu'en ce jour votre amitié pour moi,
Vous fera partager l'honneur que je reçoi.

Air 122. *Tout le long de la Rivière.*

S I L V I A.

Mais des Poiſſonnieres
J'entens les chanſons.

S C E N E I V.

M. L A R A N C U N E , P O I S-
S O N N I E R E S.

*Chœur des Poiſſonnieres qui entrent. Continuant
le même Air.*

Y Allons mes Commeres,
    Y allons, y allons,
Tout le long de la Riviere,
Danſons, & chantons,
Tout le long de la Riviere,
Gambadons, ſautons.

*Entrée de Poiſſonnieres & d'Ecaillers, ſur le
même Air.*

Danſe de Poiſſardes & d'Ecaillers.

Chœur à l'imitation de celui de l'Opera.
Scene V. Acte I. Chœur de Tritons &
de Sirenes. *Empreſſons-nous de plaire au Dieu
des Ondes. Air 147.*

CHOEUR.

Nous ne ceſſons de chanter & de rire
En criant tous les jours Harangs frais , Harangs
    frais ,
Merlan , mon beau Merlan , Goujons , Goujons
    à frire.

A frire ; Carlets , gros Carlets.

M. LA RANCUNE.

Vous voyez , belle Silvia , que tout ce qui
m'eſt ſoumis s'empreſſe à venir vous rendre
hommage. Monſieur Briſefer mon frere aîné
vous aime , mais je me flatte que vous me
donnerez la préference.

SILVIA.

Je doute , Monſieur , que le ſort m'ait
deſtinée à cet excès d'honneur ; mais je re-
çois avec reconnoiſſance la petite fête Marine que vous avez eu la bonté de me
donner.

Les Poiſſonnieres & les Poiſſardes s'en vont.

LA RANCUNE.

Adieu , belle Silvia , je me reſſouviens
que j'ai une petite affaire à mon Bureau, je
reviendrai bien-tôt ; cependant ſongez au
rang où je veux vous faire monter, & encore plus à mon amour fidéle.

SCENE V.

ARLEQUIN *qui s'étoit caché pendant la Fête, revient.* SILVIA.

ARLEQUIN.

OUf, je viens de soûtenir un rude assaut pendant ce spectacle fatal ; n'ai-je pas changé de couleur ? Mon petit cœur, pour me payer d'une peine si dure, regardez-moi tendrement ; faites-moi des mines, ou du moins soupirez.

SILVIA.

Ah ! vraiment, mon cher Arlequin ; vous n'y êtes pas encore, & je viens d'apprendre bien d'autres nouvelles : ma beauté vous donne un Rival bien plus puissant que la Rancune.

ARLEQUIN.

Qu'entens-je ! c'est Monsieur Brisefer, je gage.

SILVIA.

Vous l'avez dit : c'est lui qui va m'offrir des soupirs superflus.

ARLEQUIN.

Ah! j'enrage.

Air 123. *C'eſt la femme à tretous.*

Que je ſuis malheureux *bis.*
D'avoir une Maîtreſſe
Dont tout le monde eſt amoureux ;
On la pourſuit ſans ceſſe ,
Celui-là , celui-ci,
C'eſt la tretin-treti,
C'eſt la tretin tretous
C'eſt la femme à tretous.

SILVIA.

Eh que vous importe ?

Air 42. *Tu croyois en aimant Colette.*

Ce vous ſont Victoires nouvelles
Quand je fais des Amans nouveaux :
Si mes conquêtes ſont trop belles ,
Vos triomphes en ſont plus beaux.

ARLEQUIN. Air 12. *Quand le péril
eſt agréable.*

Contre le deſtin qui me brave ,
Quel eſpoir peut m'être permis ?
Je ne ſuis qu'un petit Commis ,
Un pauvre Rat de cave.

SILVIA. Air 124. *J'offre ici mon ſçavoir
faire.*

En amour le rang ſuprême

Appartient à qui fçait charmer,
Un Commis qui fe fait aimer
Eft égal au Financier même.
Un Commis qui fe fait aimer
Eft égal au Financier même.

ARLEQUIN.

Eh dequoi me fert-il d'être aimé, fi je
ne deviens pas votre époux ?

SILVIA.

Va va, cela arrivera plûtôt que tu ne pen-
fes, mon cher Arlequin ; aimons-nous toûjours.

Air 33. *Flon flon.*

Que notre ardeur fidelle
Puiffe encor s'augmenter

ARLEQUIN.

C'eft le feul bien ma belle ⎰ *Enfemble.*
Qu'on ne peut vous ôter. ⎱ Flon flon *

* Larira dondaine,
Flon flon
Larira dondon.

SCENE VI.

M. DE LA DINDONNIERE, SILVIA.

M. de la Dindonniere faifant préfenter du Gibier à Silvia par deux Commis.

Parodie de l'*Air* que chante Mercure au II. Acte, Scene III. Air 148.

M. DE LA DINDONNIERE.

B Rifefer attiré par vos divins appas,
      Arrive fur mes pas.
  Le Directeur de la Marée,
N'eft pas affez hardi pour tirer au bâton
  Avec celui de la Vallée,
Mon Maître fçaura bien le mettre à la raifon.

SILVIA. *Menuet d'Hefione.* Air 125.

  Je fçais jufqu'où va fon Empire,
  Et combien lui valent fes droits :
  Monfieur on n'a rien à me dire
  Sur le refpect que je lui dois,

SCÈNE VII.

SILVIA.

Seule. Air 15. *Pierre Bagnolet.*

TRistes honneurs ! gloire cruelle,
   Pourquoi m'ètes-vous destinés ?
Vous me troublez la cervelle,
Hélas ! que vous m'importunez !
    Vous me gênez ,
    Vous me gênez ,
Tristes honneurs ! gloire cruelle ,
Pourquoi m'ètes-vous destinés ?

SCENE VIII.

BRISEFER, SILVIA.

BRISEFER.

MOn amour me conduit en ces lieux ,
belle Silvia : je n'ai point eu d'autre guide que lui. J'ai soupiré jusqu'à présent pour des personnes moins jolies que vous , mais il faut faire une fin , comme
vous

vous ſçavez, & c'eſt vous qui aurez l'honneur de mè fixer.

Air 126. *Pour paſſer doucement la vie.*

Vous paroiſſez toute troublée,
Ah ! de grace raſſurez-vous ;
C'eſt comme chef de la Vallée,
Que je veux être à vos genoux.

SILVIA.

Permettez-moi, Seigneur Briſefer, de
douter de votre fidelité : je ſçai de vos
fredaines ; vous êtes un petit volage, votre
Réthorique ne me perſuadera point.

Air 59. *M. Lapaliſſe eſt mort.*

Non, Monſieur, ne croyez pas
Surprendre mon innocence,
Je ſçais quels ſont mes appas,
Et quelle eſt votre conſtance.

BRISEFER.

Morbleu vous êtes bien incrédule ; vous
me déſeſperez : vous ignorez votre victoire, je le vois bien, donnez-vous un peu
de patience, vous allez le ſçavoir tout à
l'heure ; voici mes ſujets qui vont vous
donner un petit divertiſſement. Après une
Fête auſſi-bien amenée, je crois que vous
ne pourrez plus douter de ma conſtance.

Tome II. Les Noc. d'Arl. & de Silvia. Z

SCENE IX.

ROTISSEURS, ET ROTISSEUSES, M. DE LA DINDONIERE, BRISEFER, SILVIA.

BRISEFER.

O Vous qui m'êtes soumis, écoutez bien ce que je vais vous dire ; n'attendez rien de moi si le nom de Silvia n'est joint avec le mien.

M. DE LA DINDONIERE. Air 53. *Non, il n'est point de si joli nom.*

Que ta maitresse chérie
Réponde à ta passion,
Que le tendre amour vous lie,
Et forme votre union,
Non, non,
Il n'est point de si joli nom,
Que le nom de ta Silvie,
Non, non,
Il n'est point de si joli nom
Que celui de ce tendron.

Le Chœur.

Non, non,

Danſe de Rotiſſeurs.
Non, non, &c.

SCENE X.

M. LA RANCUNE, les ſuſdits, UN COMMIS, *on jouë la tempête.*

La Rancune. Air 19. *Quand on a prononcé ce malheureux oüi.*

DE quels chants odieux retentit ce rivage ?
Briſeſer ſçait-il bien que c’eſt moi qu’on ou-
trage ?
Vient-il exprès ici pour braver mon couroux,
En m’enlevant l’objet de mes vœux les plus doux ?

B R I S E F E R.

Oüi j’adore Silvia , & je veux l’aimer
toute ma vie.

Air 127. *Ah ! vous avez bon air.*

Hors d’ici témeraire,
Calmez votre colere,
Cadet mon petit frere :
Quoi vous me bravez ?
Ah ! vous avez bon air ,
Ah ! vous avez bon air ,
Bon air vous avez.

Z ij

BRISEFER & LA RANCUNE.

Ah ! vous avez bon air,
Bon air vous avez.

SCENE XI.

LA RANCUNE, UN COMMIS
de la Vallée.

COmment ! ventrebleu, mon frere aîné fait ici le petit Seigneur, il me traite comme un Cadet de Gascogne : eh ! je lui ferai bien voir que la coûtume de Paris ne lui donne pas ce droit-là.

LE COMMIS.

Croyez-moi, Monsieur de la Rancune, ne vous amusez point à disputer contre lui, c'est un franc brutal qui n'entend pas raison ; allez-vous-en plûtôt consulter ce fameux Dévin qui prédit aux mortels tout ce qui doit leur arriver ; il vous apprendra qui de vous, ou de votre frere doit épouser Silvia.

LA RANCUNE.

Quel est ce Dévin ?

LE COMMIS.

C'eſt un illuſtre, un *Virtuoſo* qui connoît le paſſé, le préſent, & l'avenir ; il a établi ſon domicile dans une caverne obſcure qui eſt habitée par des Sorciers moins ſçavans que lui, & rien n'échape à ſa connoiſſance ; & comme il croit que le deſtin regle tout ici bas, il fait chanter continuellement ſes loüanges, & ces Meſſieurs-là, comme à l'Opera, ne parlent & ne répondent qu'en muſique.

LA RANCUNE.

Ton avis eſt fort ſage : allons vîte le conſulter.

Z iij

SCENE XII.

Le Theatre change & repréſente une Caverne.

SORCIERS & SORCIERES.

Le Devin eſt au fond du Théatre ſur un Trône.

UN SORCIER.

Parodie de l'Air du Deſtin. Acte III.
Scene I. Air 149.

O Deſtin ! quel cœur ſe flate
   D'être au-deſſus de tes loix !
Les Princes, les Bourgeois,
Viennent l'offrande en main pour te graiſſer la
   patte.
   O Deſtin ! quel cœur ſe flate ;
   D'être au-deſſus de tes loix !

LE CHOEUR.

O Deſtin , &c.

Parodie de l'Air, Malgré nous tu nous entraînes.
Air 150.

LE SORCIER.

Tu nous fais porter des cornes
   Quand tu veux,

Tu les plantes fans bornes
Sur le front des époux fages, fous, jeunes, vieux,
Point de difference entr'eux.
D'un même bois tu les ornes,
Il en eft de difcrets,
Qui gardent le filence,
D'autres à l'Audience
Font fceller tes Arrêts.

LE CHOEUR.

O Deftin, &c.

Parodie de l'Air. C'eft en vain qu'un mortel.
Air 151.

LE SORCIER.

En vain par la douceur un mari cherche à plaire,
Un autre exerce en vain un pouvoir abfolu,
Rien ne change tes loix, c'eft un mal néceffaire
    D'abord que tu l'as réfolu;
    Quoiqu'un pauvre époux puiffe faire
    D'abord que tu l'as réfolu
    Il faut qu'il foit cocu.

Z iiij

SCENE XIII.

ARLEQUIN, LES SORCIERS.

ARLEQUIN.

MEſſieurs les diſeurs de bonne avanture, vous qui devinez tout, je gage
que vous ne devinerez jamais ce que j'ai à
vous dire ? deux de mes rivaux, Monſieur
de la Rancune, & Monſieur Briſefer, viennent ici conſulter Monſieur le Devin, pour
ſçavoir qui ſera l'époux de Silvia ; j'ai hi-
poteque ſur ce cœur-là, je vous prie de le
faire prononcer en ma faveur, & je vous
accorderai l'honneur de ma protection.

Air 43. *Vous m'entendez bien.*

Vous me voyez ſombre, & chagrin,
Daignez des Arrêts du Devin
Sur mes peines ſecrettes,

LE SORCIER.

Hé bien,

ARLEQUIN.

Etre les interprétes,

Vous m'entendez bien.

CHOEUR.

Parodie de l'Air, Nous ne répondons point aux mortels curieux. Air 152.

Nous ne répondons point aux gens si curieux,
Tirez, tirez, tirez, & sortez de ces lieux.

ARLEQUIN.

Parbleu, Messieurs, tirez vous-mêmes :
quel diable de charivari ! je suis ici au sabat ; mais voici la Rancune, & Brisefer :
hélas peut-être seront-ils mieux reçus
que moi !

SCENE XIV.

LA RANCUNE, BRISEFER,
ARLEQUIN, & SILVIA,
qui entre après.

UN SORCIER.

Parodie de l'Air, Dieu de la Mer quel sujet vous amene? Air 153.

Ici Messieurs, quel sujet vous amene?
LA RANCUNE.

Parodie de l'Air, Mon amour pour Thetis. Même Air.

Silvia dans ce jour cause toute ma peine,
    Brisefer vient troubler mes feux,
Prononcez qui de nous verra remplir ses vœux.
Un Sorcier est saisi d'un enthousiasme. Arlequin a peur de ses contorsions.
Parodie de l'Air, Qu'un respect plein d'épouvante. Air 154.

    Un respect plein d'épouvante
      Me saisit déja,
    Le Devin va parler, hola:
    Que dans ces lieux tout ressente

Un respect plein d'épouvante.

Paix là Messieurs, paix là, paix là.

LE DEVIN. Air 14. *Or écoutez petits &*
grands.

Or écoutez petits & grands

Ce qu'on verra dans peu de tems,

D'un fils Silvia sera mere,

L'époux n'en sera pas le pere,

Et le beneft aura l'ennui

De nourrir les enfans d'autrui.

LA RANCUNE à BRISEFER.

Après ce que je viens d'entendre, je
n'ai plus envie de vous disputer Silvia, vous
n'avez qu'à la prendre pour vous.

BRISEFER.

Je vous suis bien obligé ; pour moi mon
cher frere, je vous cede volontiers mon
droit d'aînesse, je n'en veux point.

ARLEQUIN.

Messieurs, puisque vous n'en voulez ni
l'un ni l'autre, je la prens ; je ne suis pas
fort scrupuleux de mon naturel : y consen-
tez-vous M. Brisefer ?

BRISEFER.

De tout mon cœur, je te la donne.

ARLEQUIN.

Grand merci : je ne serai pas le premier

Commis qui aura reçu une femme de la main d'un Sous-Traitant.

SILVIA.

Tu prens le bon parti , mon cher Arlequin , & je te promets de faire mentir le Devin.

ARLEQUIN.

Je t'assure que de mon côté je ferai aussi tout ce que je pourrai pour cela. Messieurs, vous ferez s'il vous plaît , les frais de la noce , cela est juste.

LE DEVIN.

Vous êtes content , tout répond à vos vœux ; mais il faut que je vous donne ici un petit plat de mon métier : que cette caverne se change en un jardin agréable , & que l'on y celebre les noces d'Arlequin & de Silvia.

Le Theatre se change & représente un Jardin.

Entrée de Bergers & de Bergeres.

UN BERGER. Air 155.

Célebrons le Mariage
Qui comble les vœux d'Arlequin ,
Le tendre amour l'unit à l'objet qui l'engage ,
Est-il un plus heureux destin ?
Célebrons le mariage
Qui fait le bonheur d'Arlequin.

LE CHOEUR.

Celebrons le Mariage, &c.

UNE BERGERE.

O le charmant affemblage !
De ces nouveaux époux le bonheur eft certain:
Arlequin eft folatre , amoureux, & badin,
Pour l'époufe le doux préfage !
Celebrons le Mariage ,
Qui fait le bonheur d'Arlequin.

LE CHOEUR.

Celebrons.

UN BERGER.

De quoi fert cet avantage
L'himen n'a qu'un beau jour qui s'éclipfe foudain ;
A la Ville comme au Village ,
L'époux le plus ardent , le plus propre au ménage
N'eft pas fi vif le lendemain.

LE CHOEUR.

Celebrons....

*Danfe de Silvia & d'Arlequin. Autre Entrée
de Bergers & Bergeres.*

VAUDEVILLE. Air 156.

La beauté qui dans fon jeune âge
Des Amans dédaigna l'hommage ,
S'en repent fur fon déclin ;
Alors en vain elle foupire
De ne s'entendre plus rien dire ,

Et chacun rit de fon chagrin,
C'eft fon deftin.

Eft-il de plaifirs dans la vie
Sans le jeu, le vin, & Silvie,
Dit le jeune Libertin;
Tout l'a fuivi dans l'opulence,
Et tout le fuit dans l'indigence
Sur fes vieux jours il meurt de faim,
C'eft fon deftin.

Un vieux barbon qui fait emplette
L'une jeune & vive Coquette,
Eft coëffé comme Vulcain,
Quoiqu'il faffe, & quoiqu'il projette
Il ne peut éviter l'Aigrette
Dont lui fait préfent fon Voifin,
C'eft fon deftin.

Une nouvelle Comedie
Quand elle eft bonne eft applaudie,
Le Parterre a le goût fin,
Son Arrêt eft irrévocable;
Mais quand la piéce eft déteftable
Le Sifflet eft toûjours certain,
C'eft fon deftin.

FIN.

AMADIS
LE CADET.

PARODIE

D'AMADIS DE GRECE.

Repréſentée pour la premiere fois par les
Comédiens Italiens ordinaires du Roi,
le 24. Mars 1724.

A C T E U R S.

AMADIS d'abord en Redingotte, Guêtres & Chapeau de toille cirée, enſuite en Chevalier errant, ARLEQUIN.

LE PRINCE de Thrace d'abord en Chemiſe, Culotte & Bonnet-de-nuit, & enſuite en Chevalier errant. TRIVELIN.

NIQUETTE en Princeſſe.

MELISSE Magicienne.

ZIRPHE'E.

Un GEANT Procureur.

Un HUISSIER.

GARÇONS & FILLES du lendemain de noces.

Un VIELLEUX avec ſa Vielle.

Premier GARÇON du lendemain.

Un CHEVALIER enchanté.

PRINCES & PRINCESSES enchantées de differentes Nations.

AMADIS

AMADIS
LE CADET.

SCENE PREMIERE.

Le Theatre repréfente une nuit dans un Jardin.

AMADIS *le Cadet*, *en guêtres & en Re-dingote.* **LE PRINCE** *de Thrace en culotte & chemife, & bonnet de nuit.*

AMADIS. *Air* 70. *Dupont mon ami.*

Rince *, mon ami,
Qui regnez en Thrace ;
Votre air endormi
N'eft pas fort en place ;
C'eft trop ici s'arrêter

* *Le Prince bâille.*

Allons-nous-en fans compter.

LE PRINCE.

Eh! qui diable, Seigneur Amadis, vous
met la puce à l'oreille dès une heure après
minuit, & vous amene à tâtons dans ce
Jardin ? y venez-vous chercher une fluxion
de poitrine ?

AMADIS *riant.*

Non parbleu.

LE PRINCE.

Vous fortez furtivement d'un Château
où l'on vous traite à bouche que veux-tu .
fans vous demander un fol, comme un Gaf-
con fortiroit d'une Auberge après trois mois
de crédit.

AMADIS.

Oh mon ami, c'eft que j'ai hâte, j'ai
hâte ; mon grand ami, j'ai grand hâte.

LE PRINCE.

Auffi m'a-t'on fort preffé quand on m'a
appellé de votre part ; j'ai laiffé mon juftau-
corps pour les gages dans la chambre d'une
foubrette de Méliffe, avec qui je faifois
la belle converfation, à peine ai-je eu le
tems de prendre ma culotte.

AMADIS.

Allons mon ami décampons...

LE PRINCE.

Où diable aller ? la nuit est si sombre
que je ne vous apperçois pas vous-même.

AMADIS.

Allons...

LE PRINCE.

Oüi , allons nous caffer le nez contre
quelque Maronier d'Inde ... fongez qu'il
n'eft pas trop galand de quitter Meliffe ,
fans du moins payer votre gîte d'un tendre
compliment......

AMADIS.

Je ne parle pas de l'amour de Meliffe ...
Hélas quand j'ai paffé par fon maudit Château , j'allois ...

LE PRINCE.

Eh bien oüi , vous alliez tenter l'avanture de la gloire de Niquette , & peut-être
vous rôtir à fon Perron enflamé. Meliffe
vous a retenu dans un riche appartement
où l'on vous a prodigué les Chapons , *
les Perdrix , les Ortolans , les Coqs d'Inde
& le Fromage de Milan ...

AMADIS.

Tais-toi donc mon ami , tu me fais ava-

* Amadis fait le lazzi de fe pâmer.

Aa ij

ler un doux poifon ; vîte à l'Orvietan ;
guériffons-nous en regardant le portrait de
ma Niquette.

LE PRINCE. *

Ce n'eft pas là tirer de fa poche le portrait de fa Maîtreffe à propos de rien.

AMADIS.

Tiens, vois.

Air 12. *Quand le péril eft agréable.*

Niquette n'a pas le teint jaune :
C'eft un tendron frais & poli !
Connois-tu rien de plus joli ?

LE PRINCE *à part.*

Je fçais ce qu'en vaut l'aulne.

AMADIS. Air 11. *Robin Turelure.*

Confidere bien l'objet ,
De la peine que j'endure . . . . .

LE PRINCE.

Eh ! comment voir ce portrait
Ture lure ,
Pendant cette nuit obfcure ?
Robin turelure lure.

AMADIS.

Il a ma foi raifon , il me mánque une

* Dans l'Opera , Amadis montre le portrait de
Niquette au Prince de Thrace pendant une nui
très-obfcure.

lanterne. Mais partons , j'ai hâte....

LE PRINCE.

O ça puifque vous voulez abfolument partir, je vais faire mon paquet ; au moins je ne vous quitte pas * fans vous rendre raifon de mon départ.

Bas.

Allons avertir l'amoureufe Melifle de la banqueroute d'Amadis.

* Dans l'Opera le Prince de Thrace s'en va à propos de rien.

SCENE II.

AMADIS *feul.*

Air 69. *Dormez Roulette.*

Sois noire comme un four ;
O nuit fois-moi propice...
Garde-toi bien amour
De réveiller Melifle...
   Dormez Roulette,
Et prenez votre repos ;
Demain à la réveillette,
Vous aurez le cœur gros.

La nuit fe diffipe, une clarté magique éclaire les Jardins, & une troupe ruftique envoyée par Meliffe vient s'oppofer au départ d'Amadis.

Air 29. *Je ne fuis né ni Roi ni Prince.*

Quel fpectacle ! qui vous appelle !
D'où vient qu'une clarté nouvelle
Eclate ici de toutes parts ?
Quel jour à la nuit fait la nique ?
Ce font, je crois des Savoyards,
Avec la Lanterne Magique . . .

SCENE III.

AMADIS, les GARÇONS & les FILLES du lendemain de nôces.

Ier. GARÇON.

DEs Savoyards ! pour qui nous prenez-vous là ? apprenez que nous commençons la cérémonie d'un lendemain de nôces, & que nous allons porter le Broüet à la mariée . . .

AMADIS *à part.*

Le Broüet ! j'y voudrois bien tâter !

Ier. GARÇON.

Vous pouvez voir notre divertiſſement
ſi vous n'avez rien qui vous preſſe , nous
vous regalerons de la bonne Vielle du pays.

AMADIS.

Tope.

A part. Air 9. *Sois complaiſant , affable &*
débonnaire.

Je ſuis preſſé d'aller voir ma Niquette ,
J'ai pour cela délogé ſans trompette ,
Mais ,
Que je trouve une Muſette ,
Je ne partirai jamais.

S C E N E I V.

A M A D I S , M E L I S S E *arrive en des-*
habilé , & dit aux Acteurs du divertissement
qui se disposent à chanter,

M E L I S S E.

R Etirez-vous vous autres , vous chan-
terez , & vous danserez quand cela sera
plus de saison. * *à Amadis ,* Je t'avois en-
voyé ces Violons & ces Vielles pour t'amuser pendant que je me coëfferois ; mais j'ai
refléchi que tu ne pourrois n'être pas assez
enfant ** pour baguenauder avec des Paysans , lorsque tu t'échapes la nuit de chez
moi , & je viens te chercher sans mon panier & mes pompons.

A M A D I S *à part.*

C'est ma faute si j'essuye ses reproches ,
il ne tenoit qu'à moi de m'en aller , &

---

* Ils se retirent.

** Amadis dans l'Opera après avoir témoigné un
grand empressement pour sortir du Château de Melisse , s'amuse à voir danser sans y être contraint
par le pouvoir magique.

cela

cela auroit épargné bien de l'ennui au public.....

MELISSE. Air 3. *Vraiment ma commere, oui.*

Ingrat! tu pars donc ainsi?

AMADIS.

Vraiment ma Commere, oui.
Mais c'est pour suivre la gloire.....

MELISSE *ironiquement.*

Vraiment mon Compere, voire,
Vraiment mon Compere, oui.

AMADIS.

En bonne verité, si la gloire ne me tirailloit pas,

Même Air.

Je m'hebergerois ici.

MELISSE.

Vraiment mon compere, oui.
Je sçais ce que j'en dois croire,
Vraiment mon compere, voire,
Vraiment mon compere, oui.

Morbleu, je ne suis que trop instruite où le bas te blesse.

Air. 19. *Quand on a prononcé ce malheureux oui.*

L'image de Niquette a porté dans ton ame
Le malheureux brasier d'une amoureuse flame :

Tome II. Amadis le Cadet. Bb

Son nom même, fon nom, vient d'émouvoir ton
cœur,
Et tu chantes tout bas en raillant mon ardeur.

Fin de l'Air 53.

Non, non, il n'eft point de fi joli nom
Que celui de ma Niquette !
Non, non, il n'eft point de fi joli nom...

A M A D I S.

Ma foi vous avez raifon.

Air 34. *Mon pere je viens devant vous,*
Pourquoi voulez-vous m'engager
Quand je fuis fous les loix d'une autre?
Un cœur capable de changer
Ne feroit pas digne du vôtre.
Vous contenteriez-vous, vraiment,
D'avoir les reftes d'un Amant?

M E L I S S E. Air 27. *Je n'fçaurois.*

En vain ma forcellerie,
Raffembloit ici les jeux ;
Pour toi dans ma compagnie
Tout y devenoit affreux . . . .

A M A D I S.

Je n'fçaurois
Refter avec vous, ma mie,
J'en mourrois.

M E L I S S E. Air. 28. *Je reviendrai demain au foir.*

Je ne te retiens plus, cours donc

Chercher ton Alifon.... *bis.*

Mais, fur la route, en verité,

Tu feras bien frotté.... *bis.*

AMADIS.

Oh! je fuis fait à la fatigue.

MELISSE. Air. 8. *Tarare pompon.*

Va braver les périls que le fort te prépare...

Cours, vôle à ta Princeffe, ou plutôt au bâton...;

Tu peux partir ... barbare!

Quoi ! fans émotion

Tu me quittes ?......

AMADIS, *heroiquement.*

Tarare.

Pompon.

MELISSE. *Même* Air.

Suis donc, cruel, fuis une gloire fatale,

Va perir pour une autre ... & je vivrai pour toi...

AMADIS *faifant la reverence.*

Ringrazio à vo Signoria.

MELISSE. Air 39. *A la façon de barbari.*

Que fur toi * d'un monftre felon

La rage fe fignale ;

Tombe rôti, comme un Chapon,

Aux pieds de ma rivale.,..

AMADIS.

Voilà, ma chere, une oraifon ;

* Les imprécations de Meliffe dans lOpera.

Bb ij

La faridondaine,
La faridondon.
Qui part d'un cœur tout attendri,
Biribi ;
A la façon de barbari,
mon ami.

MELISSE, *très-touchée.* Air. 64. *Les filles de Nanterre.*

Perfide , que j'adore,
Dans ce château charmant
Daigne coucher encore ,
Une nuit feulement ......∴.

AMADIS *à part.* Air 17. *On n'aime point dans nos Forêts.*

Partons, m'y voilà réfolu,
Sans que Meliffe m'embaraffe ;
Ni même ce qu'eft devenu ,
Mon ami le Prince de Thrace ;
Le drôle me rattrapera ,
A la dinée .... ou ne pourra ..∶

SCENE V.

MELISSE *feule.*
Air 128. & *Lon lan la , la Bouteille s'en va,*

ET lon lan la

Le cruel m'abandonne,
Et lon lan la
Le cruel s'en va!

Air 47. *Ma raifon s'en va bon train.*

Voilà le prix du deftin,
Que j'avois fait au coquin !
Pour cet egrefin,
Toûjours en feftin;
Rien n'eftoit indigefte...
Pour lui j'ai percé tout mon vin,
Je ne dis pas le refte,
Lon la,
Je ne dis pas le refte.

Mais il me le payera à beaux deniers comptans, & fes épaules pâtiront des fot-tifes de fon cœur...

SCENE VI.

Le Théâtre change & repréfente le Perron enflamé de la gloire de Niquette. Il eft défendu par des Huiffiers, des Archers & des Procureurs.

UN NAIN & SCARAMOUCHE
en Geant Procureur.

LE GEANT. Air. 13. *Mais fur-tout pre-nez bien garde à votre cotillon.*

ARchers, Sergens & Procureurs,
Monftrés choifis pour défenfeurs

Bb iij

De Niquette & de ſa priſon,
Mes amis, prenez bien garde
A ſon beau cotillon . . .   *bis.*

CHOEUR *des Archers, ſur le ton des*
deux derniers vers.

Mes amis prenons bien garde
A ſon beau cotillon . . .   *bis.*

LE GEANT.

Il y a par le monde un certain quidam
qui veut, dit-on, revendiquer la gentille
Niquette, & la retirer de notre Greffe, où
nous l'avons dépoſée avec une liaſſe de
Princeſſes enchantées que nous avons toutes paraphées, *ne varietur.*

CHOEUR.

Mes amis prenez bien garde
A ſon beau cotillon.

_____

SCENE VII.

Les mêmes Acteurs, un HUISSIER.

L'HUISSIER *eſſouflé.* Air 37. *Aux*
armes, Camarades.

AUx armes, Camarades,
Amadis n'eſt pas loin,
Tôt la plume en main ;

Aux Armes, Camarades,
Ayons tous notre cornet plein.

Le Geant.

C'eſt bien, dit Monſieur l'Huiſſier ; ſi
Amadis nous bat, nous verbaliſerons ; c'eſt
la pratique & la coutume. Rangeons-nous
en bon ordre auprès du Perron, & ne
branlons pas que nous n'ayons reçû au
moins chacun cent coups de canne ; il faut
toujours mettre les gens dans leur tort. *

* Ils ſe rangent tous en haye devant le Perron
enflamé, & le Geant ſe met hors de la ligne en
tête.

SCENE XIII.

AMADIS & le PRINCE DE THRACE armés en Chevaliers errans.

Le Prince de Thrace conſiderant le Perron tandis qu'Amadis rêve.

QUel ſpectacle ! des Archers, des Sergens, des Procureurs & un grand
feu ! apparemment voilà les enfers ;

AMADIS ſe retournant.

Quoi, je trouve encore un Geant ! ils ne
finiſſent pas.

LE PRINCE.

Oui, vous voyez un Procureur qui ne feroit qu'une bouchée du patrimoine de vingt
Familles.

AMADIS. Air 29. *Je ne ſuis né ni Roi ni*
Prince.

> N'importe ; je vais le combattre
>
> Je vais faire le diable à quatre ;
>
> Lorſque Géants je mets à bas ,
>
> Et lorſque cent monſtres j'immole ,
>
> Mon ami , je ne prétends pas
>
> En être cru ſur ma parole.

Je vais mettre la main à la pâte. Au moins
ne t'en meſle pas.

LE PRINCE *à part.*

Oh ! je n'ai garde.

Amadis combat le Geant & ſa ſuite & les met en
fuite , pendant ce tems-là le Prince de Thrace a
les bras croiſés , & s'eſt aſſis à terre.

AMADIS, *regardant le Prince à terre.*

Prenez garde de vous fatiguer.

LE PRINCE. Air 75. *Que je chéris mon cher*
voiſin.

> Nous ne ſerons pas accuſés
>
> De rogner votre gloire ;
>
> J'ai toûjours eû les bras croiſés
>
> Pendant votre Victoire.

AMADIS.

Vous êtes un Prince bien obéissant. Mais achevons notre tâche.

Air 29. *Je ne suis né ni Roi ni Prince.*

Ces feux excitent mon courage,
C'est dans le projet qui m'engage
Le dernier péril à tenter.
Alors je verrai dans sa niche
La beauté qui m'a scû dompter.......

Appercevant l'inscription.

Mais lisons d'abord cette affiche.

Il lit. Air 129. *La bonne avanture, ô gué.*

Qui n'est pas bien amoureux
Craigne la brûlure :
L'amant le plus généreux
Peut seul passer dans ces feux.

Sautant après avoir lû.

La bonne avanture
O gué,
La bonne avanture!

LE PRINCE *à part.*

La chaude avanture
O gué,
La chaude avanture !

AMADIS. Air 8. *Tarare pompon.*

Cher Prince, sois heureux autant que je vais l'être.

LE PRINCE *à part.*

Il va être grillé.

AMADIS. Air 40. *Ah! Robin tais-toi.*

    Puiſſe-tu ſans nul Biſſétre

    Voir combler tous tes déſirs ;

    Ce n'eſt plus que par tes plaiſirs

    Que les miens pourront s'accroître...

    Mon cher Prince , voi * . . . .

LE PRINCE.

Tout beau.

        Connois-moi ,

        Oui, connois un traître

        Plus tendre que toi.

AMADIS.

Hem ?

LE PRINCE. Air 44. *Réveillez-vous belle endormie.*

    Ce bras s'oppoſe à ton audace.....

AMADIS.

Quel fou pommé ! Ciel ! j'en frémi....

LE PRINCE.

Combats dans le Prince de Thrace

Ton Rival & ton ennemi.

AMADIS. *Même* Air.

Conte-moi donc quelle furie

* Il veut paſſer le Perron , & eſt arrêté par le Prince.

Peut contre moi te tranſporter ? . . .

LE PRINCE.

Lorſque je veux t'ôter la vie ,
C'eſt bien le tems de jaboter !
Allons l'épée à la main , mon épée ſeule
doit te dire ce que je penſe.

AMADIS.

Il me fait pitié ! va , perfide . . . .

Air 75. *Que je chéris mon cher voiſin.*

Je ne punirai ton amour ,
Et ton deſſein féroce ,
Qu'en te forçant d'être en ce jour
Un garçon de ma nôce. *

LE PRINCE *ſe préſentant au Perron après qu'Amadis eſt paſſé.*

Air 42. *Tu croyois en aimant Colette.*

Il m'échape , il brave ma rage...
Allons à travers de ces feux....
** Mais, qui m'en défend le paſſage!...
Foin , l'on a grillé mes cheveux.
M'en voilà pour une Perruque.

Même Air.

Je n'entreprends rien qui finiſſe....
Une ſeconde fois *** , allons

* Amadis paſſe à travers des feux du Perron enflamé.
** Un Lutin le repouſſe , & met le feu à ſa Perruque.
*** Le Prince de Thrace dit toûjours dans l'Opera qu'il va
trouver Meliſſe.

Rendre une visite à Mélisse,
Je suis toûjours sur ses talons.

SCENE IX.

Le Perron enflamé se brise au bruit du Tonnere ; on voit Niquette dans sa gloire, elle descend de son Trône tenant Amadis par la main au milieu des Chevaliers, Princes & Princesses enchantées.

NIQUETTE. Air 69. *Cent petits soins rendus.*

MEs sens sont interdits
Et je ne sçai que croire.
Vois-je cet Amadis,
Si chéri de la gloire ?

    Air 130. *Ah ! voilà la vie.*

Oü, voilà le drôle, le drôle, le drôle !
Oüi, voilà le drôle
Que nous demandions.

    CHOEUR *des Princesses, &c.*

Ah ! voilà le drôle, le drôle, le drôle !
Ah ! voilà le drôle
Que nous demandions !

AMADIS à Niquette. Air 63. *Talaleri, talaleri, talalerire.*

Que d'attraits ! quelle gloire extrême !
Que mon cœur goûte un sort charmant !

Je demeure enchanté moi-même
Quand je romps votre enchantement;
Tout mon cœur n'y sçauroit suffire,
Talaleri, talaleri, talalerire.

N I Q U E T T E. Air 1. *Zon, zon, zon.*

    Montrons ma vive ardeur . . . .
    Mais quel fouci me ronge ? . .
    Etes-vous ce vainqueur . . . .
    Et n'eft-ce point un fonge ?

      A M A D I S.

    Et non, non, non
   Ce n'eft pas un menfonge . . .
    Et zon, zon, zon
    Diffipez ce foupçon.

Examinez-moi bien ; interrogez-moi fu
faits & articles.

N I Q U E T T E. Air 131. *De fon lan la, lande-*
         rirette.

    Oh! fans interrogatoire
    Je vous tiens pour ce vainqueur ;
    Et tout m'engage à le croire,
    Vos exploits, mes yeux, mon cœur...

    A M A D I S *la careffant.*
      Et mon lan la
      Landerirette,
      Et mon lan la
      Landerira,

NIQUETTE *après l'avoir caressé.*

Air 100. *Ah ! c'est un certain je ne sçai quoi.*

Mais où m'emporte , en bonne foi,

Un excès de tendresse !

Non , vous sçavez trop ma foiblesse...

AMADIS.

Oh ! je ne suis pas foible moi.

à deux.

Je sens un certain je ne sçai qu'est-ce ,

Je sens un certain je ne sçai quoi.

UN CHEVALIER *enchanté.*

Air 132. *Lampons.*

Chantons tous ce beau tendron,

Qui nous tire de prison ;

Chantons aussi sa conquête ,

Dans une galante fête.

Chantons , dansons ,

Camarades, dansons.

Chœur.

Chantons, dansons,

Camarades, dansons.

NIQUETTE.

Je crois que nous ferions plus sagement de déménager sans bruit , que de nous amuser à danser des sarabandes , & chanter des brunettes, dans un tems où la cruelle Melisse peut nous surprendre.

AMADIS. Air 12. *Quand le péril est agréable.*
Reſtons : je vous en fais excuſe...

NIQUETTE.

Riſquerez-vous d'être arrêté
Pour quelque petit air flûté ?

AMADIS.

Oh ! dame * un rien m'amuſe...

Un nuage qui s'avance ſur le Theatre s'ouvre & fait voir Meliſſe ſur un dragon.

* Amadis dans l'Opera n'a pas toûjours l'eſprit préſent pour ſaiſir les occaſions favorables à ſes deſſeins.

SCENE X.

LES ENCHANTE'S, AMADIS, NIQUETTE.

UN CHEVALIER. Air 4. *Voici les Dragons qui viennent.*

Voici les Dragons qui viennent
Amis ſauvons-nous ;
Cherchons vite une cachette...

Les Enchantés rentrent tous dans la gloire de Niquette qui ſe renferme ſur eux.

AMADIS.

Ah! que j'ai peur ma Niquette...;

NIQUETTE.

Et moi itou, & moi itou.

MELISSE *sur son Dragon.* Air 5. *Les Trem-bleurs.*

Tremble, Amadis, tremble, tremble,
Crains tous les malheurs ensemble,
Le Diable ici nous rassemble,
Rendez-vous pour toi fatal!
Tu vois bien ce qui m'amene.
Vous, Démons, servez ma haine;
Et transportez sa Climene
Où l'attend son beau rival.

Des Démons enlevent Niquette, & Amadis la suit en pleurant.

Fin de l'Air précédent.

Finissons par un tapage,
Renversons tout, faisons rage,
Mon rolle est un peu brutal. *

Melisse casse quelques meubles & s'en va.

* Dans l'Opera Melisse est toûjours furieuse, & ne dit que des injures.

SCENE

SCENE XI.

*Le Theatre repréſente une plaine coupée de quel-
ques ruiſſeaux, & au milieu, la Fontaine de la
Verité d'Amour ornée de Colonnes & de Sta-
tuës.*

AMADIS. Air 133. *Nicolas va voir
Jeanne.*

MEs recherches ſont vaines ,
Je traverſe au hazard
Les Forêts & les plaines ,
Je n'ai trouvé qu'un Canard…
Vous perdez vos pas , Amadis ,
Et gâtez vos beaux habits.

Mais que vois-je ! c'eſt la Fontaine de
la Verité d'Amour ! ſes eaux inſtruiſent les
Amans de leur deſtin : voyons un peu ce
qu'elles me diront au ſujet de ma Belle.

Air 45. *Adieu panier vendanges ſont faites.*

Il regarde dans la Fontaine.

Que vois-je ! on cajole Niquette….
C'eſt mon rival à ſes genoux…..
Tous deux ſemblent contens… tout doux.

Se retirant de la Fontaine avec tranſport.

Adieu panier vendanges ſont faites.

Il ſe jette ſur un lit de gazon.

Tome II. *Amadis le Cadet.* C c

S C E N E   XII.

AMADIS *pâmé* , MELISSE.

MELISSE. Air 19. *Quand on a prononcé ce*
malheureux oüi.

EH ! bien es-tu contente, inhumaine Meliſſe ?
Cruelle aſſouvis-toi de ſon dernier ſupplice...
Ciel ! tout mourant qu'il eſt, qu'il m'inſpire d'amour !
Ah ! s'il ſe portoit bien que ferois-je en ce jour ?

Amadis ! Amadis ! . . . ſe peut-il qu'un
Héros tombe dans un pareil évanouiſſement?
Amadis ! Amadis ! . . . quand ce ſeroit une
femme… Amadis ! Amadis !...

Air 112. *Folies d'Eſpagne.*
Reconnoiſſez la voix qui vous appelle,
Vivez cher Prince . . . . .
AMADIS *entr'ouvrant les yeux.*
Ah ! laiſſez-moi mourir.
MELISSE.
Votre Princeſſe eſt ingrate, infidelle,
Pour tel objet faut-il tant s'attendrir ?
Sur le chant du dernier Vers.
Vivez , vivez.
AMADIS.
Non , laiſſez-moi mourir.

MELISSE. *Air* 44. *Réveillez-vous belle endormie.*

Perdez cette cruelle envie ,
Verrez-vous fans pitié mes pleurs ?
Voulez-vous m'arracher la vie ?
Hélas ! Si vous mourez , je meurs !

AMADIS *fe leve fans penfer à Meliffe.*

Malheureux ! n'eft-ce point quelque tour
de forcellerie ? mes yeux l'ont ils bien vû ?...
Jarnicoton ! ils ne l'ont que trop vû .. c'é-
toit ma perfide Niquette avec mon rival.....
Avec plus d'emportement. Air 72. *L'autre jour
m'allant promener.*

Il chiffonnoit fon falbana.....
Ah ! fripon que faifiez-vous là ? . . .
MELISSE *hauffant les épaules.*

Je fais ici une jolie figure , moi , pendant
toutes ces doléances là !

AMADIS.

Et je vis pendant que j'ai à mon côté un
Sabre de Damas ! allons , mourons , expé-
dions cette petite affaire. . . * .

MELISSE.

Tout beau , Amadis , tout beau.

* Il tire fon épée pour s'en frapper , Meliffe s'en faifit.

C c ij

AMADIS. Air 6. *Tout cela m'est indifférent.*

Quoi vous donnez dans le paneau !
Si j'étois friand * du Tombeau ,
Vous m'aimez , vous êtes forciere ,
J'éviterois vos foins preffans.
Lorfque telle envie eft fincere ,
Par ma foi , l'on prend mieux fon tems.

MELISSE. *Même* Air.

Confens à de nouveaux foupirs ,
Mes foins ptéviendront tes défirs ;
J'en ferai mon bonheur fuprême ,
Pourvû qu'à table auprès de toi ,
Ingrat , tu me fouffres moi-même ,
Tu feras traité comme un Roi.

AMADIS *chante ironiquement.* Air 134.

J'endors le petit, mon fils ,
J'endors le petit.

MELISSE.

Quoi toûjours charmé d'une ingrate !

AMADIS. Air 55. *Lon lan la derirette.*

Mais cette ingràte a des attraits ; . . *bis.*
Je l'aime autant que je vous hais.
Lon lan la derirette ,

MELISSE.

Bon dieu ! qu'Amadis eft poli !

* Amadis dans l'Opera veut fe ruer en préfence de Meliffe.

Lon lan la deriri.

AMADIS. Air 30. *J'ai fait à ma Maîtresse.*

Mes maux sont votre ouvrage.
Je sens qu'à chaque instant
Je vous hais davantage . . . .

MELISSE *à part.*

Que ce vers est galand ! . . . .
Tu contrains peu ta haine.
Après des mots si doux,
Par ma foi, notre Scene
Doit finir par des coups.

Je n'appellerai pourtant pas encore les
Diables ; il faut les épargner ici, on les fatigue assez à l'Opera. *à part.* Je ne m'amuserai
pas à épouvanter ce petit impertinent par
des aparitions de Monstres : il faut lui montrer tout d'un coup ce que j'ai de plus noir
dans mon Magazin magique. *Haut.* Viens,
Amadis, viens dans mon Palais, tu y verras
sérieusement ta Niquette entre les bras de
ton rival . . . .

Air 25. *Petit Boudrillon.*

Son cœur sans nul obstacle,
Suit là sa passion, Boudrillon.

AMADIS *pleurant.*

Voyez le beau spectacle,
Que m'offre la guenon !

MELISSE *le pouſſant.*

Boudrillon.

Marchez Boudrillon ,

Boudrillon don daine ,

Marchez Boudrillon ,

Boudrillon don don.

SCENE XIII.

Le Theatre change & repréſente une belle Campagne.

LE PRINCE *de Thrace paroiſſant Amadis ,*
aux yeux ſeulement de Niquette.

Air 157.

JE parois Amadis aux yeux de la Princeſſe ;
La pauvre enfant me jure une fidelle ardeur,
Mais c'eſt à mon rival que ſon ſerment s'adreſſe ,
Et je trompe ſes yeux ſans ſéduire ſon cœur :
C'eſt un tour de Meliſſe , & cette enchantereſſe ,
Me procure un bonheur dont je ſuis peu charmé !

    Ah ! plus Niquette me careſſe ,
    Plus je connois qu'Amadis eſt aimé !

Elle vient , hélas ! elle va encore me faire
enrager en me diſant des douceurs.

SCENE XIV.

ILE PRINCE *de Thrace*, NIQUETTE.

Niquette.

EH ! à qui en avez-vous mon cher Amadis ? tout nous favorise dans ce féjour charmant ; Meliffe eft convertie, elle nous permet de nous marier, & qui plus eft de nous aimer.

Air 21. *Morguienne de vous.*

Nos tendres defirs.....
Mais non, je m'abufe...
Tout fert nos plaifirs,
Votre cœur s'y refufe !
Morguienne de vous,
Quel homme ! quel homme !
Morguienne de vous,
Quel homme êtes-vous ?

Le Prince *paroiffant Amadis.*

Ohimé !

NIQUETTE. Air. 26. *Eſt-ce ainſi qu'on*
prend les Belles ?

> Que je vous dois de reproches ! *
> Pourquoi cet air interdit ?
> Quoi, vos mains dans vos poches !
> Et rien ne vous dégourdit ?
> Eſt-ce ainſi qu'on prend les Belles ?
> Lon lan la ,
> Au gué lon la.

LE PRINCE *paroiſſant Amadis.*
Air 46. *De mon pot je vous en répond.*

> Si j'étois moins amoureux ,
> Je ſerois plus heureux.....
> Mon trouble eſt l'effet de ma flame :
> Ne creuſez point ceci, Madame ,
> De mon cœur je vous en répond ,
> De mon minois, non, non.

NIQUETTE. Air. 2. *Y avance,*

> Eſt-ce ainſi qu'on doit s'enflamer ?
> Moi, j'aime autant qu'on peut aimer ;
> Pour vous, vous craignez ma préſence ;
> Y avance, y avance, y avance,
> . Rougiſſez de votre indolence.

LE PRINCE *paroiſſant Amadis embarraſſé.*
Mais.....

* Le Prince met la main dans ſes poches comme y foüillant
d'un air embaraſſé : elle le careſſe.

NIQUETTE.

LE CADET. 13

NIQUETTE Air 20. *Ne m'entendez-vous pas.*

Nous fommes feuls, hélas !
Et vous faites la mine :
Qui diantre vous chagrine ?
Nous fommes feuls, hélas ! ...
Ne m'entendez-vous pas ?

LE PRINCE *paroiſſant Amadis.*

Aouf !

NIQUETTE. Air 24. *De quoi vous plaignez-vous.*

De quoi vous plaignez-vous,
Amadis, quand on vous aime ?
De quoi vous plaignez-vous,
Quand on n'aime que vous ?

LE PRINCE *paroiſſant Amadis.*

Air 54. *Ton relon ton ton.*

La gloire feule avec moi vous entraîne,
Savourez bien cette diftinction :
Vous rendez-vous à l'amour qui m'enchaîne ?
Non, d'Amadis vous cedez au grand nom.

NIQUETTE *hauſſant les épaules.*

Ton relon ton ton,
Tontaine, la tontaine,
Ton relon ton ton,
Tontaine, la ton ton.

Tome II. Amadis le Cadet. D d

LE PRINCE *paroissant Amadis*, *à part.*

Elle a raison de hausser les épaules ; voilà
pour la réponse que méritent mes pueriles
délicatesses. Il faut convenir que je suis un
fort plat personnage avec mes scrupules !

Air 33. *Flon flon.*

De l'erreur de ma belle,
Je n'ose profiter ;
Je suis seul avec elle,
Et je n'ose chanter,
Flon, flon, &c.

NIQUETTE.

A quoi rêvez-vous mon cher Amadis ?
je ne vous cause que des distractions : venez vous égayer.

Air 10. *La Serrure.*

Melisse qui sçait son négoce
Fort près d'ici vient à propos,
De préparer pour notre nôce,
Une fête de Matelots.

LE PRINCE *paroissant Amadis.*

Une fête de Matelots pour une nôce ! Il
auroit été plus convenable de rassembler
une troupe de Traiteurs.

à part.

Allons voir cette judicieuse fête Marine,

LE CADET. 315

j'y trouverai peut-être Amadis ; car il aime à baliverner ; fi je le rencontre, il faudra lui demander fierement un tête-à-tête.... mais, ne ferois-je pas mieux de faire valoir celui que j'ai actuellement avec Niquette ?

Air 52. *Ces Filles font fottes.*

Elle me croit Amadis ;
Si j'en manque les profits,
Hélas ! c'eft bien ma faute !
La Princeffe eft en belle humeur.....
Mais ma flame eft fi fotte
    Lon la
Mais ma flame eft fi fotte.

Sortons fans dire adieu. Allons rougir quelque part de mon imbécillité.

SCENE XV.

NIQUETTE *feule.* Air. 57. *On dit qu'a-mour eft fi charmant.*

Amadis eft un vrai glaçon,
  Son afpect donne le friffon !
Ah ! mon Dieu, le pauvre garçon,
  Il eft en létargie !
Amadis eft un vrai glaçon,
  Faut-il que je l'en prie ?

D d ij

SCENE XVI.

NIQUETTE, MELISSE.

MELISSE. Air 19. *Quand on a prononcé ce malheureux oüi.*

Qu'ai-je vû ? Dieux cruels !

NIQUETTE.

Dequoi dois-je vous plaindre ?

MELISSE.

Apprens tout mon micmac, je ne prétends plus feindre.
Hélas ! j'en esperois un succès moins fatal ;
Sous les traits d'Amadis je t'offrois son Rival....

NIQUETTE.

Que je viens de l'échapper belle !

MELISSE.

Vous ne devez plus craindre de méprise
sur cet article-là ; Amadis vient d'occire le
Prince de Thrace.

Air 59. *Mr. la Palisse est mort.*
J'ai vû terminer son sort
Par une Olinde choisie :
Hélas ! s'il n'étoit pas mort !
Il seroit encore en vie.

NIQUETTE.

Qu'eſt devenu Amadis ?

MELISSE.

Vous l'allez voir enchaîné & avec les
Menottes.

NIQUETTE.

Avec les menottes ! un Héros de cette
importance avec les menottes !

MELISSE.

C'eſt pour rendre la Scene plus tou-
chante.

NIQUETTE.

Ah ! ſi ma tante Zirphée aimoit un peu
ſa niéce, elle viendroit à notre ſecours !

MELISSE.

Les chagrins d'une jeune niéce n'affli-
gent guéres une tante qui prétend à la beauté. Hola , Diables , mes domeſtiques, amenez mon priſonnier.

S C E N E   XVII.

N I Q U E T T E ,   M E L I S S E , AMADIS *enchaîné.*

N I Q U E T T E.

AH! mon cher Amadis où vous me-
ne-t'on?

A M A D I S *pleurant.*

Que fçai-je? peut-être aux Galeres; *
j'en ai déja la petite oye.

N I Q U E T T E.

Tâchons d'amadoüer la fureur de Meliffe.

N I Q U E T T E & A M A D I S, *enfemble*
*fur l'*Air 36. *Belle brune, Belle brune.*

　　　Belle brune, belle brune,

　　　Ne lancez que fur mon cœur

　　　Les traits de votre rancune.

　　　Belle brune, belle brune.

M E L I S S E *levant le bras & fon poignard fur*
Amadis.

Barbare! c'eft par toi que je veux commencer......

* Montrant fes chaines.

NIQUETTE *s'évanouit.*

Ah! Ciel!

MELISSE.

Bon, voilà Mademoiselle Niquette qui s'évanoüit à son tour.

Air 18. *O reguingué.*

Ma foi sans les enchantemens,
Sans les évanoüissemens,
O reguingué, ô lon lan la,
Notre Roman n'eût duré guere,
Tous trois nous n'aurions sçû que faire.

AMADIS. Air 50. *Le mirliton.*

Est-ce à nous qu'il faut s'en prendre
Du nœud qui nous a serré?
Quand l'Amour lie un cœur tendre
Dispose-t'il à son gré *
De... de... de.. son..

Ah! je tombe à vos pieds....

MELISSE *le repoussant.*

Que le Diable te ramasse.

AMADIS *se relevant & s'appüiant contre une décoration.*

A la fin je mourrai sérieusement.

MELISSE *évoque les manes du Prince de Thrace. La symphonie joüe l'Air de* Pierre

* Fondant en larmes.

D d iiij

Bagnolet *pour Ritournelle des paroles qui suivent sur le même Air 15. Pierre Bagnolet.*

Prince de Thrace, à ma priere,
Ressuscite & viens m'appuyer;
Quoique tu sois peu necessaire
Pour assommer un prisonnier...
Je veux crier,
Je veux crier,
Prince de Thrace, à ma priere,
Ressuscite & viens m'appuyer.

SCENE XVIII.

LES ACTEURS *precedens*, L'OMBRE *du Prince de Thrace.*

L'OMBRE. Air 15. *Pierre Bagnolet.*

EN mauvais rolles tu m'épuises;
Je viens pour punir ton transport:
Des Amans que tu tyrannises
T'annoncer enfin l'heureux sort....
Vivant & mort
Vivant & mort,
Tu me fais faire des sottises
Dont tu souffres toujours le tort. *

* Il disparoît.

SCENE XIX.

MELISSE, AMADIS *enchaîné*, NIQUETTE

MELISSE.

VA-t'en à tous les Diables, maudit trepaſſé.... qu'ai-je affaire de toi pour me venger ? n'ai-je pas un poignard à la main, & cette main ne vaut-elle pas mieux que celle d'un défunt ?

NIQUETTE.

Ah! ma chere tante Zirphée, où êtes-vous ? vous avez bien la mine de nous apporter de la moutarde après diner !

MELISSE *veut frapper Niquette, elle avance à chaque vers qu'elle chante, & recule avec ſurpriſe toutes les trois fois qu'elle dit ho ho, toure louribo.*

Air 51.

Allons, tôt, que ma rivale expire...
Oh! oh!
toure louribo!
Quoi contre moi tout conſpire !....
Oh! oh!

322 **AMADIS**
toure louribo !
Quand j'avance on me retire . . . .
Oh ! oh ! oh !
toure louribo !

Air 19. *Quand on a prononcé ce malheureux Oui.*

C'en est fait, Amadis, ta flame est triomphante.
Ton ennemie expire, ou plûtôt, ton amante.

Frappons . . . . * mais non, gardons-nous
bien de nous percer si legerement.

Air 62. *Mariez, mariez, mariez-moi.*

La raison vient me saisir
Et guerit mon noir caprice,
Pour n'arracher qu'un soupir,
Faut-il donc que je perisse ?
Mariez, mariez, mariez-vous,
Ce sera votre supplice,
Mariez, mariez, mariez-vous,
Vous servirez mon couroux.

A T R O I S.

Melisse repete les quatre derniers vers Mariez, *&c. pendant qu'Amadis & Niquette chantent ensemble les suivans.*

Marions, marions, marions nous
Oh quel aimable supplice !

* Elle veut se percer & se retient.

Marions , marions , marions nous
Et beniſſons ſon couroux.

SCENE XX.

AMADIS *déchaîné par Meliſſe* , NIQUET-
TE, ZIRPHE'E *à pied.*

NIQUETTE.

Que vois-je , c'eſt enfin ma tante Zirphée ! on voit bien qu'elle eſt venuë
à pied à notre ſecours, car ſi elle avoit été
portée ſur un nuage , elle auroit fait plus
de diligence.

Air 36. *Belle brune , belle brune.*

Ah, ma tante ! ah , ma tante !
Quand votre niéce pâtit ,
Votre aſſiſtance eſt bien lente.

AMADIS & NIQUETTE.

Ah, ma tante ! ah , ma tante !

ZIRPHE'E. Air 1 *Zon, zon, zon.*

Tous vos maux ſont finis ,
Ceſſez de vous en plaindre :
Epouſez Amadis ,
Il n'a plus rien à craindre.

AMADIS & NIQUETTE. *ſe careſſant.*

Et zon , zon , zon ,

Ceſſons de nous contraindre,
Et zon, zon, zon,
Supprimons la façon.

NIQUETTE. Air 36. *Belle brune, belle brune.*

Car ma tante, car ma tante,
Comme tante d'Opera,
Eſt une tante obligeante . . .

AMADIS *ſe jettant au col de Zirphée.*

Ah, ma tante ! ah, ma tante !

ZIRPHÉE.

Mais, mon neveu, vous m'étouffez !

NIQUETTE.

Au moins mon petit mari, je ne me ſuis point émancipée avec votre rival pendant que Meliſſe lui avoit donné votre reſſemblance.

AMADIS.

Il faut bien vous en croire.

MELISSE *à Zirphée.*

Ma compagne Zirphée, ſoyez la bien venuë : je ne tracaſſerai plus votre niéce & ſon amant.

ZIRPHÉE.

Vous ferez bien, car je ſçaurois vous ranger à la raiſon.

MELISSE *à part.*

Perfectionnons ma vengeance & don-
nons à ces futurs une fête qui les dégoûte du
mariage ... *Haut.* O ça , mes enfans , pour
marque d'une parfaite reconciliation, je veux
vous donner cette fête d'un lendemain de
nôces , dont je prétendois tantôt régaler
Amadis lorsqu'il eft forti de chez moi fi mal-
honnêtement ; ce divertiffement fera ici
moins déplacé. Allons tôt , garçons & filles
du lendemain de nôces , paroiffez.

SCENE XXI.

NIQUETTE, ZIRPHE'E, MELISSE, AMADIS, GARCONS & FILLES du len-demain de nôces.

UNE FILLE.

Dans le ménage
Que l'on fe fait en peu de tems !
Le lendemain du Mariage
Il femble que déja l'on ait paffé cent ans,
Dans le ménage.

Un Garçon. Air 158.

On fautille, on fretille ainfi qu'un Carpillon
Le jour qu'on fe marie.
Quelle légereté! le Menuet ennuie...
On veut la Chaffe, on veut le Cotillon.
O Métamorphofe étonnante!
O pouvoir de l'Himen! fouvent le lendemain
L'Epoux qui faifoit le badin
Veut à peine danfer une grave courante.

❦❦❦

On danfe.

❦❦❦

VAUDEVILLE. Air 159.

❦❦❦

Bien fouvent l'Himen le plus doux
N'a de bon que le fruit précoce:
Gardez-vous bien, novice époux,
D'en juger le jour de la nôce;
Attendez au lendemain.
Tre lin tin tin tin tin.

❦❦❦

Ne fuivez pas l'illufion
Du fade Roman qui lanterne:
Profitez de l'occafion,
Un Amant eft fûr de la berne
\

S'il attend au lendemain.
Tre lin tin tin.

❦

L'Himen furfait à nos défirs,
Il ne tient pas ce qu'il avance ;
On s'attend à de grands plaifirs,
Ils font plus petits qu'on ne penfe.
Quel rabais le lendemain !
Tre lin tin tin.

❦

Cabaret, tu fçais m'enchanter ;
Tu ferois mes feules retraites,
Si l'on pouvoit fans rien compter
Chanter en fortant des guinguettes ;
Attendez au lendemain.
Tre lin tin tin.

❦

L'Himen a des fruits aigres doux
Qui viennent plûtôt qu'on ne penfe ;
Tel aujourd'hui fe fait époux,
Qu'on fait contre fon efpérance
Pere dès le lendemain.
Tre lin tin tin.

❦

Au Public.

Messieurs, gardez-nous le secret,
Si vous condamnez notre piéce :
Chut. Que le Public soit discret,
Et si quelque désir * le presse,
Qu'il attende au lendemain . . . . .
Tre lin tin tin.

* Lazzi de siffler.

Fin du second Volume.

TABLE
des Airs
I.

Et zon zon zon.

2

y avance y avance.

3

Vraiment ma commere ouy

Tom. 2. 3. et 4. Parodies   A

Voici les dragons qui viennent.

5

Les trembleurs d'Isis.

6

Tout cela m'est indifferent.

Ton humeur est Catherine

Tarare pon pon.

Sois complaisant.

La Serrure

Tom. 2. 3. 4 des Parodies

A ij

II.

Robin tire lure.

Quand le peril est agreable

Mais sur tout prenez bien garde

Or ecoutez petits et grands.

Pierre Bagnolet.

Ah Philis je vous vois je vous aime.

On n'aime plus dans nos forets.

O roguingué o lon lan la.

A iij

6

19

Quand on a prononcé.

20.

20

Ne m'entendez vous pas

21.

Morguenne de vous

22 **7**

L'amour la nuit et le jour.

23

Laire la laire lan laire

24

Dequoy vous plaignez vous.

25.

Petit Boudrillon.

A iiij

J'ai fait a ma maitresse

Gardons nos moutons

Des fraises

Flon Flon

10

34

Mon pere je viens devant vous.

35

Le fameux Diogenes

36

Belle brune.

37

Aux armes Camarades

Fin

Nanon dormoit.

39

A la façon de Barbari

48

Ah Robin tai toi

41

Quand moyse fit deffense.

12

Tu croyois en aimant colette.

Vous m'entendez bien.

Reveillez vous belle endormie.

A dieu paniées vendanges sont faites.

46.

13

De mon pot je vous en reponds

47.

Ma raison s'en va bon train.

48

Le bon branle

14

49

Tur la tutu rengaine.

50

Mirliton.

51

Ho ho toure louribo.

52

Ces filles sont si sottes

53

Non non il n'est point de si joli nom

54

Ton relon ton ton

16

55

Lon lan la derirette.

56

Notre espoir alloit faire naufrage

57

On dit qu'amour est si charm.t

58

A l'ombre d'un ormeau

59.

M^r La palesse est mort.

60.

De dans nos bois il y a un hermite.

Parodies Tom. 2. 3. 4.

B

18

61

Lan tur lu

62

Mariez mariez moi.

63

Tala leri ta la lerire

64

Les filles de Nanterre

19

65

Vâ t'en voir S'ils viennent jean.

66

Il faut que je file.

67

Jean gille.

Parodies Tom. 2. 3. et 4.

B. 1/

20   68

Je jure par tes yeux.

69

Dormez roulette

70

Dupont mon ami.

71

L'autre nuit j'appercus en Songe.

L'autre jour m'allant promener.

73

Ramonez ci ramonez la

74.

Revenant de Lorette.

22

75
Que je cheris mon cher voisin.

76
Que faites vous marguerite.

77
Quand je tiens de ce jus d'octobre.

78
Par bonheur ou par malheur.

72

J'entens deja le bruit des armes

80

Ici Sont venus en personnes.

24

81

Les filles de Montpellier

82

Est-ce ainsi qu'on prend les belles.

83

Compere et commere sont faits p.r s'aimer.

84

J'entens le moulin taqueter.

85

qu'il est poli! quil est joli!

86

Ah! mon dieu, que de belles dames!

87

Je Suis la fleur des garçons du village.

88

Guillot est mon ami.

89

Vous avez raison la plante.

Tome 2.^d Parodies   C

26

Allons gay, d'un air gay

Tout comme il vous plaira

L'autre jour ma Cloris

C'est pas pour vous que le Four chauffe.

Que n'aimez vous cœurs insensibles?

27

95.

La grandeur brillant..

96 + Fin+

Ma commere quand je danse

Tom 2   Cij

28

97

Du haut en bas

98

Pierrot reviendra tantôt

99

Ma mere étoit bien obligeante.

100.

Ah! c'est un certain je ne sçai quoi.

101

T'as le pied dans le margoüillis.

102

La trouppe Italienne

103

Ah quil y va gayment.

104

Pauvre hermite.

Ciij

105

Mirla babilobette.

106

Le bilboquet.

107 Fin.

helas! la pauvre fille, elle a le mal de tout

108 Fin

Elle est morte la vache a panier

Ah! voyez donc que ces manants sont drôles

110

Les Sept Sauts

111

Charivari

112

Folies d'Espagne

113

Toure loure loure

C 111]

32

114
Vien ma Bergere.

115
Branle de Metz

116
Venez garçons, venez fillettes

117
Rions amis, les Dieux ont mis.

118

Vandeville. du banquet des 7 Sages

119

Vn amant avec ce qu'il aime

120

J'ai peur que votre Sagesse.

121

ma pinte et ma mie.

34

122

Tout le long de la riviere.

123

C'est la femme a tretous

124

J'offre ici mon Sçavoir faire.

125

Mennet d'Hesionne

126

Pour passer doucement la vie

127

Ah' vous avez bon air!

128

Et lon lan la la bouteille.

129

La bonne aventure o gai.

130

Ah! voila la vie!

131

De son lan la, landerirette.

132

Lampons.

Nicolas va voir Jeaune

134

J'endors le petit.
Rondeau.

135

Amants malheureux Servez vous de nous et vous aurez bien-

-tot un destin plus doux, Amants malheureux Servez vous de.

Fin

nous et vous aurez bientot un destin plus doux. Sans les reven=

-deuses, timides Amants, Vos peines facheuses dureroient mille.

ans.   Par nos soins les belles ont de bons hasards ru=

= bans et dentelles, bijoux et brocards et poulets

d'elles trompent les Renards

136

aujourd'hui de nos damerets, la tête en

buvant se barbouille; tandis qu'Iris boit a long

refrain

traits; le vin tombe en quenouille, ma foi, le...

vin tombe en quenouille.

137

Laissez calmer votre. colere, ô Ju...

= non! exaucez nos vœux si nous pouvions vous

plaire, que nous serions heureux! laissez cal=

=mer votre co-le-re, O Junon, exau=

=cez nos vœux, Si nous pouvions vous plaire

que nous Serions heureux.

138

Cachez bien la faiblesse ou votre cœur S'engage.

139

Non non je ne puis Souffrir qu'il partage une

chaine dont le poids me paroit mignon Quand v.s l'ac=

=cableriez de cent coups de baton je Serois ja=

=loux de Sa peine Quand v.s l'accableriez de cent coups

de baton, je Serois jaloux de Sa peine.

Elle peut revenir, Elle peut vous surprendre,

Junon s'obstine a se venger; Contr'elle aucun d

Dieux n'a soin de nous deffendre; mon seul espoir est déng

= ger Ju-pi- ter a nous proteger.

141

Belle princesse, enfin vous souffrez ma presen

142

Cruels n'at-ta-chez point ma fille a ce ro

- cher; c'est moi qu'il y faut at-ta-cher

143

D'ins-pi-rer la terreur, la peur l'horreur; de

peindre la fureur, d'agiter vo-tre cœur.

Doux plaisurs! tout enchante ou vous ếtes, comblez nos dé=

sirs dans ces retraites, rassurez les auteurs, bannis-

rez les Sifleurs; quel martire! tout qui res=

pire, Soupire ici quelquefois d'ennui!

Loin de nous importune critique, allons quittez

nous l'humeur Constique, vous troublez qui vous veut diver-

tir; Messieurs en dramatique vous ếtes, à rien point men

tir, mal aisez à nourir. grace, grace plus de

guerre, Mair avec Son corcelet, Jupin

Tome 2 Parodies   D

42

avec son tonnerre cent fois moins d

peur nous fait, que ne fait le parterre arme

Seulement d'un sifflet.

145

Qu'on admireroit, qu'on cheriroit un art qui re

=droit tres chaud un auteur tres froid, qu'on admirero

qu'on cheriroit, qui tout calmeroit, quand to

Siffleroit, l'opera plairoit, sans cesse o

le donneroit côme on danseroit! et côme on

fre donneroit! Vertuchou, quel bontems ce se=

=roit' come on aimeroit, Si pa-ro-die

ex pi'roit.' rien ne contraindroit un auteur

de marcher droit, on vers'i firoit plus a l'etroit.

146

Que mon destin est deplorable.! Silvi=

=a m'aime envain, un rival redoutable

he las! he 'las! me l'enleve a ja=

=mais. Il a sur la marée un pouvoir qui m'ac=

=cable, il lui fera servir tur-bots

Joles, brochets; Et moi chetif commis

Tom 2   D. ij

44

amant trop mi.se..rable, je ne lui peux ser=

=vir que des harenc sorets: et moi chetif com=

=mis, amant trop mi.se...rable. je ne lui

peux ser.vir que des harencs sorets

147

Nous ne cessons de chanter et de rire.

Nous ne cessons de chanter et de rire

Nous ne cessons, nous ne cessons de chanter

et de ri.,....re, en criant tous les

jours harencs frais, harencs frais, harencs frais

en criant tous les jours harancs frais, harencs

frais, harencs frais, merlan, mon beau merlan, goujons,

goujons a frire. merlan, mon beau mer-

-lan, goujons, goujons a frire. a

fri........ re.

carlets gros carlets, merlan mon beau merlan

goujons, goujons a fri-re a fri....=

.............re a fri....................

...........re, a frire; Carlets gros carlets.

D iij

46   148

Brise fer at ti ré par vos divins ap

-pas arrive sur mes pas, le Directeur de la mar

=rée n'est pas assez hardi de tirer au ba=

-ton avec celui de la va lée. Mon

maître saura bien le mettre a la raison.

149

O destin! quel cœur se flatte d'être au dessus

de tes loix les Princes les Bourgeois viennent l'of=

=frande en main p.r te graisser la patte. O des=

=tin Quel cœur se flatte d'être au dessus de tes loix

Tu nous fais porter des cornes, quand tu veux, tu

les plantes sans bornes sur le front des époux sa=

=ges, fous, jeunes, vieux, point de difference entre eux, d'un

meme bois tu les ornes. Il en est de discrets

qui gardent le silence, d'autres a l'audi=

=en-ce font sceller tes arrets.

Envain par la douceur un mari cherche aplaire, un

autre exerce envain un pouvoir absolu, rien ne

change tes loix, c'est un mal necessaire, d'abord que

tu l'as resolu quoi qu'un pauvre Epoux puisse faire.

d'abord que tu l'as resolu, il faut qu'il soit cocu.

un Sorcier. 152

Nous ne repondons point aux gens si curieux; ti =

= rez, ti-rez ti-rez, et sortez de ces lieux.

un Sorcier. 153 la rancune

J—ci messieurs quel sujet vous amene. Silvi =

= a dans ce jour causé toute ma peine;

Brise—fer vient troubler mes feux, pronon =

= cez qui de nous verra remplir ses vœux.

154

Un respect plein d'épouvente me saisit dé =

-ja : le devin va parler, hola .

Que dans ces lieux tout reffente un respect plein d'épou

- vente, paix la, messieurs, paix la, paix la .

155

Ce le'brons le mari-a-ge qui comble

Ce le brons le mari-a-ge qui comble

fin

les Vœux d'Arlequin ; Le tendre amour l'u-

fin

les Vœux d'Arlequin .

nit a l'objet qui l'engage, est il un plus heu-

reux destin ? O! le charmant affem —

Parodies Tom. 2. E.

blage ; de ces nouveaux Epoux le bonheur est cer-

tain, Arlequin est folâtre , amoureux et ba-

din pour l'épouse le doux presage .

De quoi sert cet avantage, l'himen n'a qu'un

jour qui s'éclipse soudain a la Ville

côme au Village, l'époux le plus ard.t, le plus

propre au menage n'est pas si vif le lende-

main. Cele brons le mari-age qui comble

les Vœux d'Arlequin .

156

51

La Beauté qui dans son jeune a-

-ge, des Amants dedaigna l'homage.

s'en repent sur son declin ; Alors en-

-vain elle soupi-re de ne s'en-

-tendre plus rien dire et chacun

rit de son chagrin; c'est mon destin.

157

Je parois Amadis aux yeux de la Prin

cesse, la pauvre enfant me jure u-

-ne fidele ardeur mais c'est a mon ri-

Parodies Tom. 2

E ij.

52

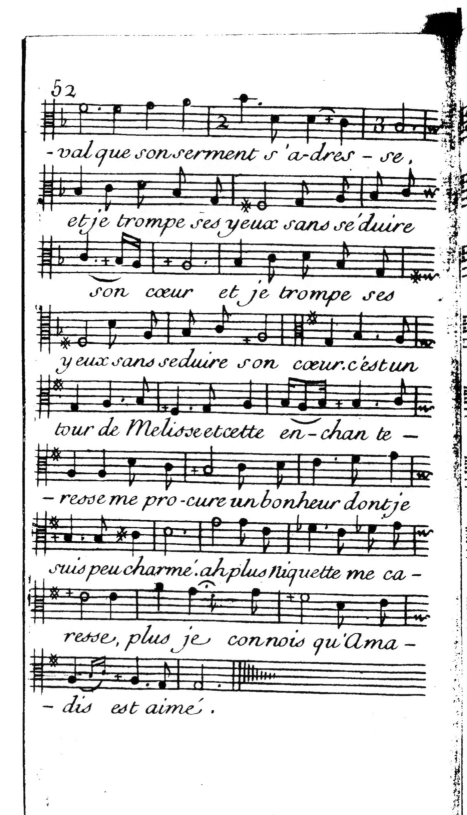

-val que son serment s'a-dres - se,

et je trompe ses yeux sans se´duire

son cœur et je trompe ses

yeux sans seduire son cœur. c'est un

tour de Melisse et cette en-chan te -

- resse me pro-cure un bonheur dont je

suis peu charmé. ah plus Niquette me ca -

resse, plus je connois qu'Ama -

- dis est aimé.

On sau tille, on fretille ainsi qu'un

Car pil lon. le jour qu'on se ma-

-ri...e...e, Quelle le ge re = té!

on danse

le Menu-et en-nuye,

on veut la chasse

on veut le mir li ton mir li -

ton mir-li-taine, on veut le mir li -

- ton: O! metamorphose é ton nante!

O! pouvoir de l'hymen! souvent le

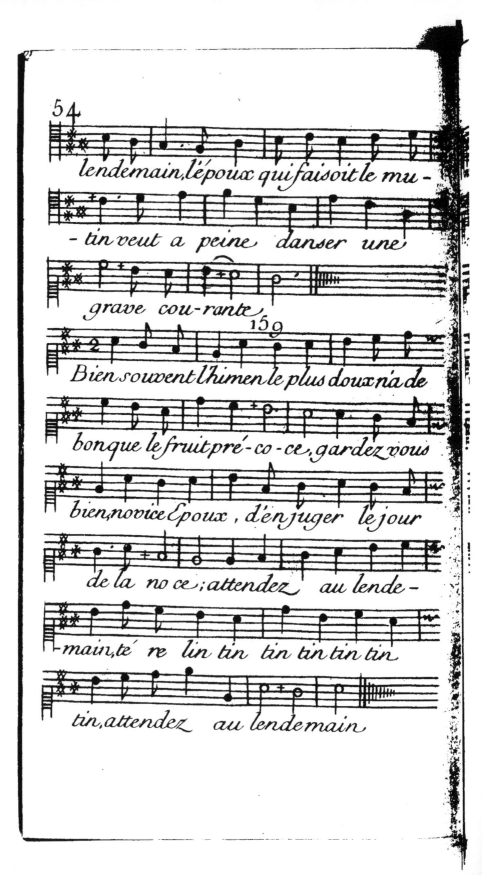

54

lendemain, l'époux qui faisoit le mu -

- tin veut a peine danser une

grave cou-rante,

159

Bien souvent l'himen le plus doux n'a de

bon que le fruit pré-co-ce, gardez vous

bien, novice Epoux, d'en juger le jour

de la no ce; attendez au lende-

-main, té re lin tin tin tin tin tin

tin, attendez au lendemain

160 55

Folatrons, folatrons, divertissons

nous. folatrons, folatrons, diver-

tissons nous, charm.ts plaisirs volez,......

rendez heur.x les fous, c'est faire le bon-

heur du monde. charmants plai-

-sirs volez. rendez heureux les

fous, c'est faire le bonheur du mon—

-de, folatrons, folatrons, divertissons

nous, charm.ts plaisirs volez............

56

.....rendez heureux les fous, c'est faire le bon-

heur du monde. C'est faire le bon-

-heur le bonheur du monde...

Si la raison murmure et

gron-de, rions en tous. ri -

-ons en tous. Si la raison mur-

-mure et gron - de. rions en

tous, rions en tous. fola... jusqu'au mot fin

161

Vic-ti=me de l'u=sage, du -

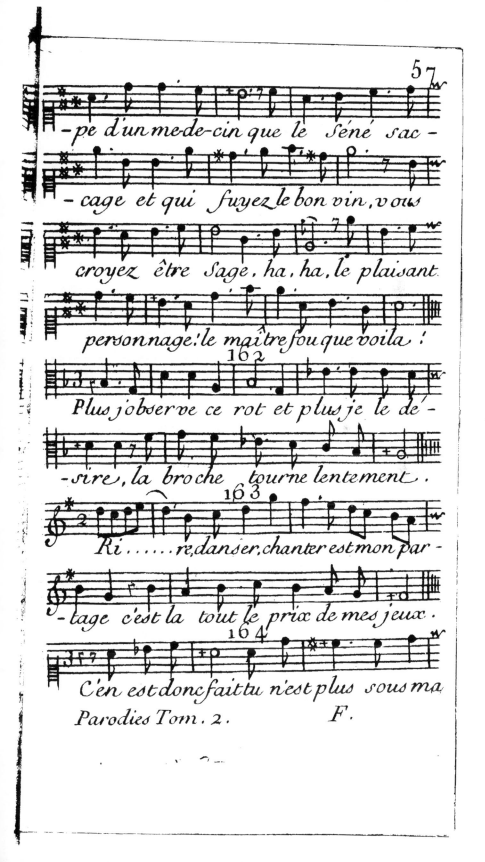

-pe d'un me-de-cin que le Séné sac-

-cage et qui fuyez le bon vin, vous

croyez être Sage, ha, ha, le plaisant

personnage! le maître fou que voila !

162

Plus j'observe ce rot et plus je le dé-

-sire, la broche tourne lentement.

163

Ri......re, danser, chanter est mon par-

-tage c'est la tout le prix de mes jeux.

164

C'en est donc fait tu n'est plus sous ma

Parodies Tom. 2.　　　　　F.

loi, Ingrat, tous tes serments sont autant

de parjures; Si j'avois outragé ta

foi qui t'empechoit, cru-el, d'écla-

ter en murmures; Il falloit m'ac ca-

bler d'in-ju-res, Ç'auroit esté du

moins te souvenir de moi.

165

J'entens votre Cœur soupirer de l'ex-

cés de Votre martire, goutez si

vous voulez le plaisir d'en pleurer,

mais laissez moy celuy d'en ri - re.

mais lais -sez moi ce-lui d'en ri -

re. Goutez si vous voulez le plaisir

d'en pleurer, mais lais -sez moi ce-

luy d'en ri.........re, mais lais sez

moi celui d'en ri = re.

Je dé=gage mon Cœur et je vous

rens le votre, ce n'est plus qu'au de -

pit que je veux me livrer.

Parodies Tom. 2.　　　　Fij.

60

Puis qu'il se venge, il m'aime encore.

Son Professor di Pazzia, son pro-

fessor di paz-zia ; Volate Scho-

la ri, Vo...la......te

Cent petits soins rendus

Fin du Second Volume

Soit sans raisin, que je ne puisse plus en -

fin jusques a mon heure derniere

boire de son excellent Vin, que je ne puisse

plus enfin jusques a mon heure derniere

boi......... re boi..................

.re de son ex = cellent Vin .

244

Noirs Orages qui grondez sur les ouvrages c'est

trop sifler, cessez d'accabler par vos halei-

ne sin dis cretes d'infortunez Poëtes .

Parodies Tom. 3.   G.

74

Une Lire, que tout le monde admire, mal-

-gré tout son orgueil, doit craind'encor l'écœuil; tel

dans le port brave le sort qu'un mechant en--

-vieux peut rendre malheureux.

245

Portons nos coups d'intelligence, rien n'est si

doux que la Veangeance. Portons nos coups

d'intelli-gence, rien n'est si doux que la Ven-

-geance. Veangeance, Veangeance. Portons nos coups

d'intelli gence, rien n'est si doux que la Ven-

geance, Vengeance, Vengeance, Vengeance.

Rien n'est si doux que la Veangeance, Ven-

geance, Vengeance, Vengeance, Vengeance.

Acheve ma Vengeance, Atys cõnois ton crime

et reprens ta raison po.^r sentir ton malheur.

C'est par le malheur des sujets qu'on

peut punir des Rois les injustes projets.

Loin de murmurer contre un pere.

Quelle gresle! quelle tempeste!
Parodies Tome 3. Gÿ.

75

Chantons = sans cesse, chantons l'ado-

Chantons sans cesse, chantons l'ado-

-rable des Airs,   Chantons = sans ces-

-rable Des Airs, chantons = = sans ces-

-se, chantons l'adorable Des Airs,   chan-

-se, chantons l'adorable Des Airs, chantons cha-

-tons l'adorable Des Airs, a cette nouvelle Dé-

fin

-tons l'adorable Des Airs.

-esse, De la richesse consacrons nos vies, offron-

nos concerts, sur les habit.ts du permesse Elle re -

pand avec larges-se, ses bienfaits divers. chan-

251

Jamais femme de parvenu n'employ-a.

mieux son revenu ; la Musique alte -

rée par elle est en-i-vre'e et le po-ë-te

nù, se trouve revé-tu.

252

Souffle froid Aquilon par tout, ra va . . . .

. . . . ge et brise contre tes coups me voi-

la ras-suré contre tes coups me voi-

Güj

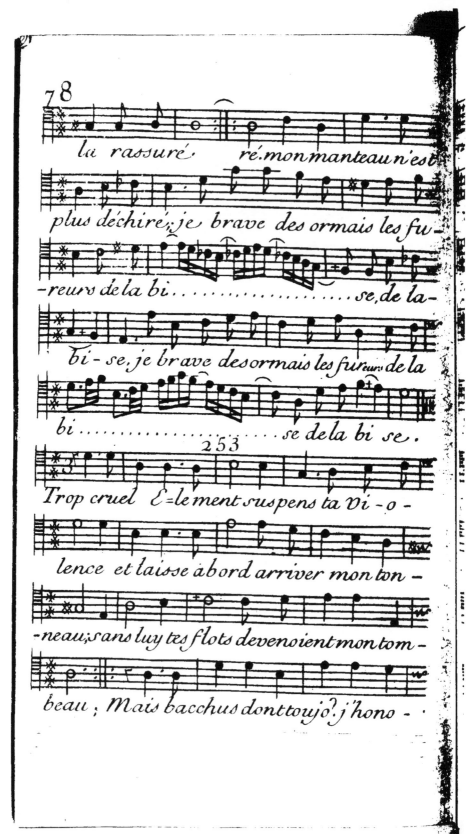

78

la rassuré. ré. mon manteau n'est

plus déchiré; je brave des ormais les fu-

-reurs de la bi . . . . se, de la-

bi - se, je brave desormais les fureurs de la

bi . . . . se de la bi se.

253

Trop cruel É=lement suspens ta vi - o -

lence et laisse à bord arriver mon ton -

-neau; sans luy tes flots devenoient mon tom -

beau; Mais bacchus dont toujo? j'hono -

79

-rai la memoire, par le secours du vin m'a sçu

tirer de l'eau, par le secours du Vin,

par le secours du Vin m'a sçu tirer;...........

.... m'a sçu tirer de l'eau.

254

Belles embarquez vo? sans crainte du nau-

-frage, a nous suivre tout vo? engage: em-

-barquez vo?, a no? suivre tout vo? engage:

De nos petits bateaux l'amour fait sa flo-

-te, vous ne risquez rien sur les eaux, vo? ne

80

risquez rien sur les eaux puisq. en est le pilo-te.

255

On ne peut quoique l'on fasse, s'empecher

d'aimer a son tour; les poissons tombent

dans la nasse, les Cœurs se toure loure loure

loure loure loure lour, les cœurs se rendent

a l'Amour.

256

Tant qu'en faveur Cleon sera, de flateurs

la troupe importune par tout le suivra;

grand nombre d'amis il aura. mais s'il tombe,

Imprimé en France
FROC031642230120
23251FR00012B/164/P